U0732816

实操软文编写、营销、创意实战手册

企业软文营销

胡小英◎著

中国华侨出版社

图书在版编目（CIP）数据

企业软文营销／胡小英著. —北京：中国华侨出版社，2015.7
ISBN 978-7-5113-5579-9

I. ①企… II. ①胡… III. ①企业管理－营销管理 IV. ①F274

中国版本图书馆CIP数据核字（2015）第168779号

• **企业软文营销**

著　　者／胡小英	
选题策划／马　可	
责任编辑／文　蕾	
责任校对／孙　丽	
装帧设计／润和佳艺	
经　　销／新华书店	
开　　本／787毫米×1092毫米　　　1/16　　　印张／14　　字数／250千字	
印　　刷／北京毅峰迅捷印刷有限公司	
版　　次／2015年11月第1版　　　2015年11月第1次印刷	
书　　号／ISBN 978-7-5113-5579-9	
定　　价／32.00元	

中国华侨出版社　　北京市朝阳区静安里26号通成达大厦3层　　邮编：100028
法律顾问：陈鹰律师事务所
编辑部：（010）64443056　　　传真：（010）64439708
发行部：（010）64443051
网　址：www.oveaschin.com
E-mail：oveaschin@sina.com

互联网思维下的营销法则

"变"是互联网时代的唯一主题。时间在变，万物在变，互联网在超乎想象地飞速改变。而且互联网日益红火，各种信息纷至沓来，充斥着我们的视野。这些信息量大、繁杂、无序，大多无法为互联网用户带去视觉冲击和心灵洗礼。而这些大多是传统营销模式的产物。

时代不断发展，社会不断进步，传统亦应革新。于是，软文脱颖而出，成了传统营销模式变革的推动力。我们看到，一边是人们对电视、报刊等硬广的关注度不断下降，一边是软广迅速抢占广告市场，牢牢占据了一席之地。

在互联网时代，得"用户"者得天下。软文得以纵横互联网世界，首先便是因其秉持着用户至上的思维，在各个环节都能以用户为中心，因而互联网上的小众变成了长尾。在互联网思维下，营销活动的主体不再是企业，而是用户。软文营销的策略制定、素材选取、行文方式等，或者是在市场调查的基础上产生的，或者是围绕目标消费者的需求和习惯而提出的。其最终的目的便是将企业、产品的核心内容和思想推广给消费者。

互联网思维中的重要一点是极致思维。软文区别于硬广的最大之处就在于一个"软"字，而且"软"到了极致。电影《大腕》里有一句台词，"你得研究业主的购物心理"。在各种硬广的轮番轰炸之下，人们已经产生审美疲劳，甚至闻广告而色变。软文一改这种"填鸭式"的营销方式，设计有高度吸引力的标题，采用"迂回包抄"的方式，用情感、故事或者价值来隐藏真正的营销意图，以充分激发人们的喜爱或者好奇心，进而通过广泛的传播，提升企业的品牌形象和产品的曝光率。

软文营销的目标之一是增加流量。"皇帝的女儿不愁嫁"，一篇高质量的软文一般不会缺少关注，并且会通过不断的扩散，增加点击量和转帖量，最终提高在搜索引擎中直接输入网址数量和网站的点击量，产生有效访问。

在软文营销活动中，为了适应互联网思维的要求，企业会规划投放平台，将软文营销与事件营销、图片营销、病毒营销等营销模式相结合，实现跨界营销，还会规划软文投放周期，通过系列性软文进行组合营销，并延长营销的周期，同时，在博客、微信、微博等平台上，则会注意保持平等的双向沟通，以保证营销效果。

对于用户来说，不是你做了什么营销动作，而是他们通过你的营销动作感受到了什么。软文，究其根本，是一种文章。既然是文章，就应该具备可读性，能传播思想、概念或态度，能说服别人，有很强的感染力。毕竟，归根结底，软文的最终目的还是营销。

其实，软文并不软，反而因其广告的隐蔽性、设计的优越性而具有相当强的影响力、传播性和营销力，一种具备杀伤力的秘密武器。从短期来看，软文能够传递企业和产品信息，为用户带去一定的知识、趣味或娱乐性，从长期来看，软文则能够为企业和产品带来知名度和销售量的增加，增加企业网站的权重。

本书在互联网思维的引导下，从软文策划、软文写作、营销整合、软文投放、社会责任、效果评估等方面对软文营销的概念与操作方法进行了系统性阐述，旨在为广大企业以及网络营销从业人员提供充分的参考与借鉴。

我们衷心祝愿每家企业、每位营销人员都能通过这种低成本、见效快、效果久的营销模式，实现品牌形象传播与产品销量提升的双丰收。

目录

第一章 软文不软

软文，通俗讲，就是文字广告。但其往往能够依托于文字的巧妙组合、形式的精致安排而常常形成种种令人惊叹的效果。如今，越来越多的企业都在寄希望于软文营销，而软文营销也在很大程度上帮助企业打开了市场。软文的形式众多，如何去组合，如何去规划，如何去撰写，都是需要我们花时间去实践的。

本章关键词：

软文 软文本质 软文类型

软文是一种不像广告的广告

从本质上讲，软文就是一种广告。之所以称之为"软"，是相对于硬性广告而言的。它是由企业的营销推广人员或广告公关公司的策划人员负责制作的软性广告。

与硬性广告相比，其巧妙之处在于，它将企业、产品或者网站等需要宣传的内容与文章完美地结合到了一起。网民们在阅读文章的时候，既能够了解到企业所宣传的内容，又不会认为它是一篇广告，反而能够通过软文有所收获。等到发现这是一篇广告的时候，宣传的效果已经达到了。

软文与广告、文案、新闻稿的区别

尽管软文是一种广告，也与文案、新闻稿有相同之处，但它与广告、文案和新闻稿有着一定的区别。

表1-1 软文与广告、文案、新闻稿的区别

项目	关系	说明
软文	被其他形式包含或借助其他形式	软文泛指所有含有软性宣传内容的文章，会完整、详细而巧妙地说明产品的卖点、企业的业务范围等；形式上以纯文字为主，较多出现在互联网上
广告	软文是广告的一种形式	框架比较大，涉及方面多；其形式可以是电视广告、广播广告、平面广告、音频广告、DM广告等；可实现文图声三者结合；有比较明确的广告语

项目	关系	说明
文案	软文是文案的一部分内容	企业所有日常工作的初拟和最终计划、方案等，均可称为文案；系统地围绕一个或多个问题进行规划与设计，而软文可能只是其中的一篇完整的宣传性文章
新闻稿	相互交叉	通常为一篇完整的新闻性文章，因此具有较强的时效性；软文则没有时效性的约束。新闻稿的对象主要包括企业的获奖信息、近期活动、人事变动、业绩报告等，软文则多涉及企业的创业史、品牌故事、人物采访、产品测评等内容

做这样的区分，并不是要死板地下定义，把它们严格地区分开，而是希望大家对软文有一个较为清晰的了解，以便在具体的运作过程中相互借鉴、运用自如。

软文之"软"

软文，像是太极拳，以柔克刚，以巧见长。其广告的成分比较隐蔽，以免因为太像广告而不能通过论坛版主的审核。

在文章中植入企业、产品或网站名称，比如电影《变形金刚4：绝技重生》中KSI总裁约书亚·乔伊斯喝伊利舒化奶的桥段，属于硬性广告植入。这并不新奇，也并不影响观看，反而会成为笑点。但在论坛发帖的时候，就并非如此了。

这种广告植入很明显的文章，版主十有八九是不允通过的。即便通过，也没有人帮你转载，这样便达不到二次甚至多次传播的效果。

那么，怎样才能把广告做"软"呢？我们来看这样一则案例：

一位女孩发帖说自己向往杭州，希望去那里工作，但不知道做什么。当地人一致表示欢迎。很快，女孩来了杭州，但是她钱不多，就想问一下哪里租房比较便宜。大家纷纷在网上留言提建议。接着，女孩找到了房子，但没过几天，她发帖说跟房东有些习惯不合，无法继续合作。当时，她还没有交房租，就问大家要不要退租。

这时候麻烦来了。杭州下了一场大暴雨。因为出门没有关窗户，结果地板全被泡了。这下房东急了，拦住她不让走，要她赔偿。女孩无奈之下，发帖求助。大批网友纷纷跟帖出主意。管理员也把帖子置顶，该帖子的人气暴涨。

但结局出人意料：雨停了，水退了，房子干了，地板没事。于是，不少发过帖子的人发站内私信询问：你家房东铺的是什么牌子的地板啊？怎么质量这么好！

事情发展到这里，可能大家才明白过味来：原来这是一个精心策划、隐蔽极深的广告帖。可能很多人都看过这篇软文。这篇软文成功地植入了广告，不仅没有被大众排斥，反而在网上引起了很多人的关注，并且形成了很好的二次传播，带来了不错的转化率。

这则软文很好地诠释了软文广告深植入的概念，而这才是名副其实的软广告。这样的广告才能在互联网称霸天下的营销大战中，为我们带来更高的转化率和更好的品牌宣传效应。

网络软文与传统软文的博弈

在某种意义上，软文营销就是网络营销的代名词，承担着大部分实际的网络营销工作。软文在资料的丰富性、信息的完整性、文体和表现形式的自由性、发布渠道和范围的广泛性上，有着传统软文所无法比拟的适应性，因此从论坛到博客、网络新闻，从娱乐专栏到人物专访，从电影到游戏，几乎遍布了互联网的每一个角落。

因此，软文当之无愧地成为了网络营销世界的硬道理。而大部分的网民也成为了软文营销的潜在消费者。

图1-2 网络软文与传统软文的理论背景

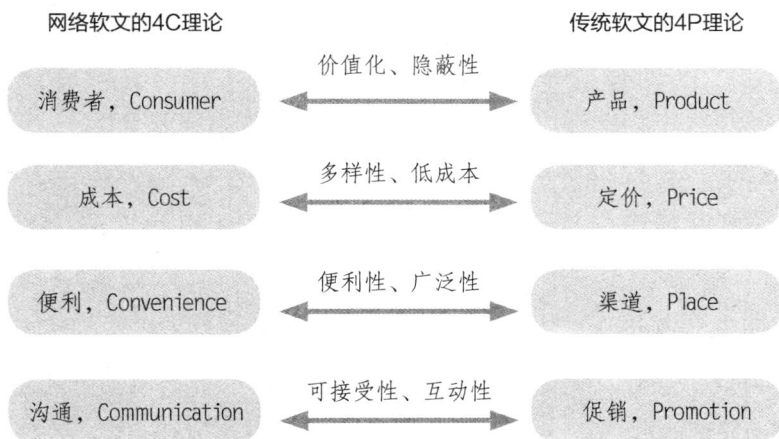

网络软文的4C理论		传统软文的4P理论
消费者，Consumer	价值化、隐蔽性	产品，Product
成本，Cost	多样性、低成本	定价，Price
便利，Convenience	便利性、广泛性	渠道，Place
沟通，Communication	可接受性、互动性	促销，Promotion

4C理论是美国营销专家罗伯特·劳特朋提出的。该理论撇开了在传统营销理论中占主导地位的4P理论，以消费者需求为导向，重新设定了营销组合的四个基本要素，即消费者、成本、便利和沟通。

该理论以消费者为中心，按照消费者的需求制定营销策略；不考虑定价问题，而是考虑消费者为满足其需求而愿意支付的成本；着重考虑给消费者提供便利，或者以最省时省事的方式获取信息；以"拉"而不是"推"的方式吸引消费者参与，强调与消费者的沟通和互动。

网络软文完美地契合了4C理论的指导思想——以消费者为中心，并完全按照这一思想谋篇布局，进行推广。

以消费者为中心

从载体上来说，互联网是网络软文赖以生存的平台和渠道。传统软文仍然以报刊等有形媒体为主战场。报刊大多需要购买才能阅读，才能获得信息。软文则跳过了这个步骤，可以直接让潜在消费者通过论坛、博客、微信、客户端等渠道，以免费的方式获得信息。

这是因为人们越来越多地依赖互联网，学习新知、获取信息、休闲娱乐、理财投资等活动，这些都与互联网息息相关，而很多软文都具有一定的知识性、技术性、趣味性，或者与时下发生的新闻事件、热点事件有关，或者涉及明星八卦，这些从不同角度满足了潜在消费者的某些需求。

从方式上来说，网络软文避免了将产品直接展示给大众的传播方式。它具有很强的隐蔽性，将要传播的信息嵌入文字，没有明显的广告目的，从侧面描述，是一种渗透性的传播方式。这种隐蔽性的商业文章，以各种方式出现，尤其是新闻资讯、管理思想、企业文化、评论文章的方式，可以让受众在不知不觉之中被潜移默化。

降低获取成本

互联网以其开放性，突破了传统媒介的束缚，因此阅读群体也不再受阅读渠道的限制。如今，在新闻、博客、微博、论坛等网络媒体的各个角落都充斥着难以分辨是新闻还是软文的文章。潜在消费者在众多渠道都能够获得这些信息。

为受众提供便利

在传统软文的时代，很多人都做过剪报之类的事情，把有用的内容剪下来，然后分门别类地整理好。在互联网时代，大可不必如此。你需要哪方面的内容，百度或者谷歌一下关键词，就可以轻而易举地找到成千上万条相关信息。

打开有用信息的网页之后，你可以把它放到收藏夹中，还可以将整个网页打印出来。很多文章，如果你喜欢，还可以分享到自己的空间、微博、微信中。这些大大为我们节省了时间。这些便利都得益于软文营销。

强调互动性

从传播的角度来说，一篇刊载于报刊上的传统软文，如果企业不付费，那么其他媒体是不会主动转载的。读者也是被动地接受信息，无法点赞、评论或者分享它。

而网络软文有着很强的可读性。一篇有价值的软文，即便企业不会主动到处发帖，一些网站编辑、管理员、版主也会主动转载，以增加网站的点击量和权重。这样就可以让软文在短时间内最大限度地传播，让更多的网民分享。

当年，"封杀王老吉"的经典软文在互联网上被大量转载，堪称软文营销的经典之作。为什么会出现这种现象？这是因为软文的宗旨是制造信任，弱化广告效应。它通常是在认真分析产品目标消费群的心理特质和生活情趣的基础上，投其所好，提出颇具吸引力的标题或者话题，然后用细腻、感情化或幽默性的文字打动消费者。这样一来，网民便乐于接受、互动和传播。

不同类型软文的特色

　　软文的形式多种多样，但万变不离其宗——其本质始终是广告。因此，可以直白地说，软文就是以宣传产品为目的的各种类型的文章。我们可以对软文进行一个简单的分类，以便大家根据实际情况选择最适合的软文类型，以达到宣传效果的最大化。

　　大体上，我们可以把软文分为三大基本类型，即新闻型软文、行业型软文和用户型软文。每一类又可以分为具体的类型。

图1-3 软文的分类

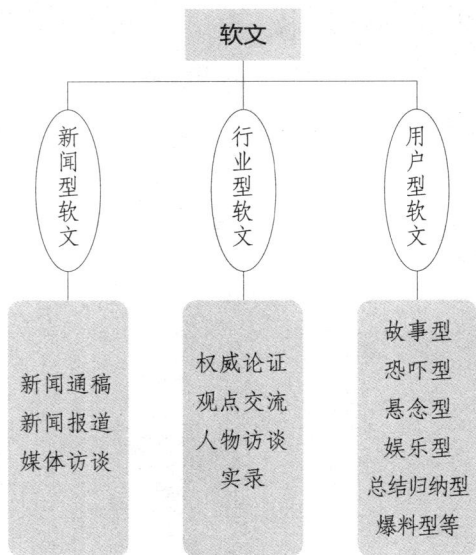

软文

新闻型软文　行业型软文　用户型软文

新闻通稿
新闻报道
媒体访谈

权威论证
观点交流
人物访谈
实录

故事型
恐吓型
悬念型
娱乐型
总结归纳型
爆料型等

新闻型软文

此类软文以新闻报道为主。当企业发生重大事件，比如承办重大活动、召开新闻发布会、举办新产品发布会时，都可以发布新闻，提高曝光率。新闻型软文主要包括新闻通稿、新闻报道和媒体访谈三种。

◎新闻通稿

企业在对外发布新闻的时候，为了统一口径，往往会以企业的名义向媒体提供一些通用稿件。这种软文的操作相对简单，只要保证语句通顺、用词恰当、逻辑明确、层次清楚、表述准确、表达完整即可。新闻通稿的目的不是宣传产品，而是广而告知，因此在推广时的潜在营销目标的准确性上有所不足。

◎新闻报道

如果企业需要进一步增强营销效果，推销产品，就可以采用新闻报道的方式。新闻报道通常以媒体的方式和新闻的手法对某一事件进行报道。由于完全使用新闻体组织内容和结构，这种软文具有一定程度的隐蔽性。

◎媒体访谈

新闻通稿在语言上显得过于正经，新闻报道像是一种说教或者灌输，相比之下，媒体访谈更容易让人接受。

媒体访谈更倾向于向潜在消费者渗透内容、发出感召，并且与之进行互动，因此比较具有亲和力，能够以情动人、以理服人。比如，如果媒体采访陈欧的创业故事，肯定会对聚美优品的形象树立和销售拉动起到很大的作用。也正是因此，很多互联网企业的老板都喜欢在各种媒体抛头露面。

行业型软文

行业型软文所面向的主要是行业内人群。其目的主要是扩大企业在行业中的影响力，提升品牌地位，进而增强企业的核心竞争力，最终成功影响潜在消费者。

要写好行业型软文，必须有针对性地搜集相关资料，而且要保证信息的全面性、真实性和权威性。这样才能保证下笔流畅，满足阅读需求，不会因为硬伤而被同行吐槽。

表1-4 行业型软文的分类

分类	主要特点	说明
权威论证	发布有价值的权威信息	对于调查数据、行业报告、趋势分析等资料，很多行业人员都迫切需要。该类软文通常会免费提供给行业从业人员
观点交流	以思想取胜	不像经验分享型软文那样需要具备丰富的行业知识与经验，只需要文中有思想、有思考即可
人物访谈实录	通过企业领导访谈传递信息	行业领军企业领导人的访谈，同样是非常不错的软文。这种软文通常有很强的专业性和思想性，也有经验分享的成分

用户型软文

顾名思义，用户型软文是面向最终消费者的，即产品软文。我们通常所说的软文，大多指的是这类软文。这类软文的作用是提升产品知名度，赢得潜在消费者的信任，甚至引导和激发消费行为。

用户类软文种类繁多，下面我们列举常见的一些类型进行说明。

◎故事型软文

故事型软文是最常用的用户类软文类型。它利用了人们爱听故事的天性。而且，听故事也是人类最古老的知识传递方式。

通常这种软文会设定一个潜在消费者喜欢的故事情境，然后娓娓道来，通过故事的趣味性、知识性、合理性带出产品，用产品的神秘性和光环效应给潜在消费者造成一种心理暗示，从而达到营销目的。

◎恐吓型软文

这也是最常用的用户类软文类型之一。恐吓型软文属于反情感式诉求：

情感诉说美好，恐吓直击软肋。《你的体内有10几公斤垃圾！》《你正走向死亡的边缘！》等这样的语句都是恐吓型的。

人的内心都有恐惧某种事物的一面。先抛出一个直击软肋的结论，当大家意识到问题的严重性时，再提供一个解决方法，这比其他方式更容易形成深刻的记忆。但是这种方式有时候会遭人诟病，因此一定要慎用。

◎**悬念型软文**

这类软文也可称为疑问型软文。它通常会选择一个主题，以深入分析的方式自问自答。很多化妆品、保健品、营销推广机构等都很擅长使用这种类型的软文，比如《哪种防晒霜效果最好》《尚德的自考机构怎么样》等。

要注意，在提出问题的时候，要掌握好火候，要确保提出的问题有吸引力；在回答的时候，要符合常识，能够自圆其说，要避免漏洞百出、夸大其词或者与事实不符。

◎**娱乐型软文**

一个男人出差在外面，突然回家，在门口听到有男人打呼噜的声音。男人默默地走开了，发了个短信给老婆："离婚吧！"之后扔掉了手机，远走他乡。

三年后他们在一个城市偶遇。

妻子问："为何不辞而别？"

男人说了当时的情况。

妻子转身离去，淡淡地说："那是瑞星的小狮子。"

这个名为《一只狮子引发的一场离婚案》的帖子，是瑞星推广产品时的一个经典案例。这则软文通过搞笑的方式将瑞星的广告植入其中，非但没被淹没，反而大受欢迎。

现在有一部分人上网，并不是要了解天下大事，而是简单地想找点乐子。因此用文章让大家娱乐一下，其营销效果不一定会比正经八百地在电视上打广告的效果差。

◎猎奇型软文

每个人都有好奇心，都希望窥探一下别人的隐私或者一些大多数人不知道的东西。软文如果以猎奇、爆料、揭露等为题，比如《曝光：散装香水同行恶性竞争的"离奇内幕"》这个标题，一定不用担心关注度和点击率不够高。

◎经验分享型软文

这类软文以传播知识和分享经验为主，又可以分为工作经验分享型软文和产品使用经验分享型软文两种。

这类软文利用了信息受众的互惠心理，通过总结的方式把经验分享给大家，在帮助大家获得知识、解决问题的同时，可以引导大家向身边的人推荐。

◎情感型软文

情感一直是相当重要的广告媒介。这是因为，人都是情感动物，带有情感的文章，往往可以打动人，走进消费者的内心。这种类型的软文通常都会借助一些情感故事，因此与故事型软文有一定的交叉之处，只是比故事型软文更注重对方的感性因素。

◎资源型软文

优质资源是稀缺的，因此人人需要。如果我们能够针对某些人群，对一些资源或者信息进行整理，这种软文一定会受到欢迎。比如，如果你整理了一份完整的可以发布免费信息的论坛网址汇总，读者一定会对你心怀感激。

◎游记型软文

这类软文通常会通过游记、攻略等方式将酒店、旅行社、旅游目的地以及相关的服务信息巧妙地植入其中。

◎促销型软文

促销型软文主要通过攀比心理、影响力效应等因素来激发潜在消费者的购买欲望。我们在互联网上常常见到的"××产品，一天断货三次""××厂家告急"等文章都属于这类软文。促销型软文可以单独使用，但更多地需要配合其他推广方式来使用。

◎总结归纳型软文

对一些话题和问题，我们可以进行归纳性总结，然后把自己巧妙地融合进去。比如我们可以操作类似《2014年电动车十大品牌》《中国网络危机管理公关公司TOP10排行榜》之类标题的软文。在软文中，要将自己的企业或品牌列进去。

上述软文的分类，我们只是选取了比较常见的类型。而且这些软文往往不是孤立使用的，我们可以根据营销计划来选择软文的类型，进行整合，按需使用，这样才能使软文营销的效果达到最大化。

软文其实并不软

上学时学习写作，有一种文体叫散文，强调"形散而神不散"："形散"主要指的是散文取材十分广泛自由，不受时间和空间的限制，表现手法也不拘一格，是叙述事件，还是描写人物，是托物抒情，还是发表议论，都可以自由调整、随意变化；"神不散"主要指的是其要表述的中心思想明确而集中。

软文，通俗一点说，就是文字广告，只是依托了博大精深的中国文字的文化精髓。软文所强调的与之很相似，叫作"形软而意不软"。

图1-5 软文的"形软而意不软"

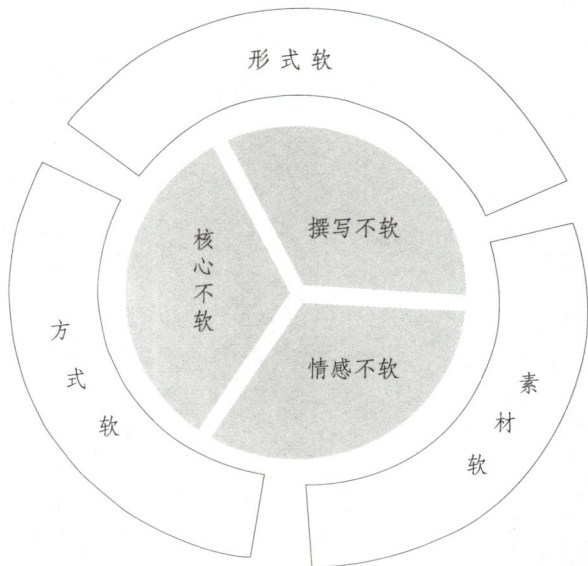

软文的"形软"

◎形式软

软文无定式，其形式不拘一格，只要能够抓住消费者，就是好软文。

从形式上说，软文可以叙事，可以抒情，可以议论，可以介绍，或者以其中一种为主，兼具诸法。

从具体创作写作上说，可以原创，也可以把别人的文章改头换面，变成"伪原创"的软文。

从渠道上说，软文可以根据不同渠道的要求而变化，比如，在微博里，可以发140字的配图微博，也可以发长微博；在微信里，就可以发一篇文章；在各大论坛里，可以根据网民的喜好，给软文选择若干个不同的名字。

◎方式软

软文的目的虽然是树立企业形象或者促进产品销售，但在呈现方式上则是软性表现企业文化、产品的优越性，以润物无声的方式达到推销目的，而不是直白的广告。从方式上，软文追求的是让看软文的读者们产生一种融入其中的感觉。

◎素材软

软文所使用的素材，既可以是企业自身发生的新闻，又可以是时下的热点事件、重大事件、明星花边新闻，也可以是自己的亲身经历，比如旅行经历、产品使用经历等，还可以是同行业的知名企业。总之，软文可以使用的素材范围非常广泛，最主要的就是看营销策划人员怎样整合。

软文的"意不软"

◎核心不软

软文的核心目的是网站转化率。一篇软文，无论是要强调关键词植入，还是要提升排名，或者在内容上大做文章、图文结合，其最终目的只有一个，那就是让潜在消费者通过关注软文而信服，最终提升用户体验度、网站点击量，也就是将软文的浏览者变成企业的潜在消费者或者产品的最终使用者。

另外，软文必须做到文题对应，不能脱离产品定位的轨道东拉西扯，让读到信息的人看了不知道它到底要讲什么内容。

◎撰写不软

软文，靠的是文字功底。

可能你会觉得只有那种讲故事、聊感情的软文需要惊天地、泣鬼神的文笔。实则不然，每种类型的软文都要求过硬的文字功底。让新闻型软文像新闻，让娱乐型软文真正引发笑点，让产品推销行为不那么大张旗鼓，把技术型软文写得深入浅出，把软文标题设计得可以适应不同渠道，把关键词巧妙地植入软文，靠的都是过硬的文字功底。

软文无定式，取材无范围，但这并不是说软文就不讲章法、不讲文采。章法，指的是基本的文学规范；文采，指的是注重情感，忌讳广告词汇，要避免软文枯燥无味、缺乏个性、数字参数满天飞，这样只会影响阅读和理解。

◎情感不软

软文营销是一种策划创作，其中包含着对产品及其价值的认同。一篇好的软文，首先要肯定自己的企业和产品。这就要求企业对自身的产品有深刻的认识和十足的热爱，甚至痴迷。这种对企业、对产品的热情要体现到软文中。如果一篇软文，连自己都不能感动，不能引发热情，又如何去感动消费者，激发消费者的兴趣呢？

软文虽然有一定的夸张性，但要以"诚信为本"为前提，要追求一个"真"字，要真情、真实、真诚。这才是软文的真正魅力和生命力所在。只有"真"的，非虚伪、虚假的东西，才可能最终获得消费支持者，提高对企业或产品的认可度。

第二章 软文的营销影响力

这世上本来没有软文营销，只是尝到了甜头，便纷纷投入了软文营销的怀抱。这是因为，软文营销有着相当强的生命力，是一种颇具技巧性的广告形式。它既具有宣传的作用，又具有营销的作用，能够在不知不觉中将消费者引入其中，堪称软硬兼施、内外兼修。

本章关键词：

软文营销　软文营销要素　软文营销优势　软文营销误区

什么是软文营销

对于软文营销，我们可以这样定义：软文营销，是指通过特定的概念诉求，以说故事、摆事实、讲道理的方式让潜在消费者进入企业设定的思维圈，通过强有力的针对性心理攻击，迅速实现产品销售的营销模式。

从本质上说，它是一种软性渗透的商业策略，主要借助文字表达和舆论传播促使潜在消费者认同某种概念、观点和思想，从而达到宣传企业品牌、推广和销售产品的目的。可以说，软文营销是一种生命力极强的广告形式，也是一种很有技巧性的广告形式。

美国传播学家哈罗德·拉斯维尔提出过一套传播模式——5W模式，该模式经过不断运用和总结，逐步形成了一套成熟的5W1H分析法，也称六何分析法。这种看似简单的分析法，可使思考的内容深度化、科学化。

图2-1 5W1H分析法

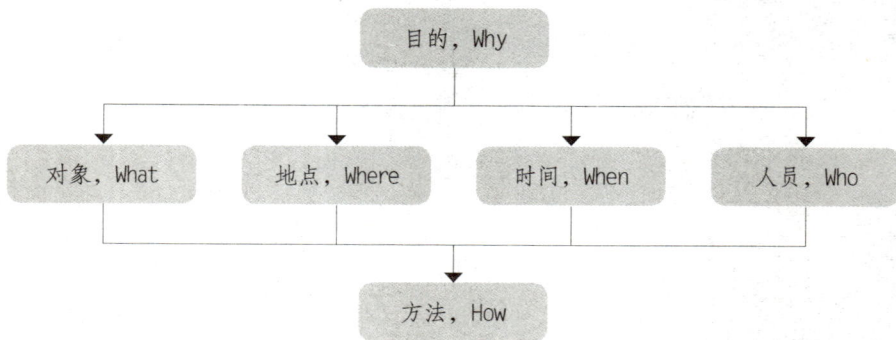

第一个W：目的（Why）

这是软文营销的核心。软文营销同其他任何一种营销方式的目的一样，都是促进产品销售。只是软文的打广告方式比较隐蔽，有时候软文会全文介绍某家企业或机构，比如软文《能吃到鱼翅的巴西烤肉店》，有时候产品的名称在软文中会一带而过，比如《一位老板的坎坷红酒创业路》，有时候企业和产品的名称都不会出现，软文只是为企业和产品进入市场而预热，比如系列软文《人类可以"长生不老"》。

第二个W：对象（What）

你最希望潜在消费者知道企业哪方面的信息、产品哪方面的特性，潜在消费者最需要的产品或服务是什么，那么你就需要在软文中提供什么内容。比如，脑白金的系列软文，就全面地解释了脑白金技术，为"今年过节不收礼"的脑白金产品火遍全国奠定了舆论基础。

这需要你对自己的产品非常熟悉，对目标消费群体的心理、动机等也都要透彻分析。

第三个W：地点（Where）

这里的地点主要是指发布软文的渠道。

现在，软文几乎无处不在。可以说，有人的地方就有互联网，有互联网的地方就有软文。因此，软文的用武之地相当广泛。微信、微博、博客、空间、论坛、游戏、官网、帖吧、企业网站等平台，都可以为软文所用。

这主要是看软文的内容符合哪个或哪些渠道定位，就可以在哪里发文宣传。

第四个W：时间（When）

软文的发布往往有一个既定的时间安排，比如这一段时间在哪些互联网平台上哪篇软文，下一个阶段怎样调整等。

当发生热点新闻或事件的时候，比如世界杯、园博会等，我们也可以适当借势，并选择恰当的切入点，随时跟进。

第五个W：人员（Who）

人员有两种指向，一是潜在消费者，二是软文操作人员。

在策划软文营销时，首先，我们要清楚自己的产品定位在哪个消费者群体，我们的潜在消费者有什么特征。你的目标是谁，软文的对象就要是什么人。比如，《打开明星珠宝箱》这篇软文从标题上来看，其目标消费群就很明确——对明星及对珠宝首饰感兴趣的女性。

有时候，软文会交由企业推广宣传部门操作。有时候，软文的运作，比如构思、写作和发布等，我们需要与一些专业的营销机构合作。那么，我们就要选择那些行业评价优良的机构操作软文，以保证软文质量。另外，我们还要安排人员做好软文的跟踪和效果评估工作。

最后的H：方法（How）

方法就是软文要怎么写，这是软文营销最见功底的地方。要求我们用最适合的写作手法把产品最独特的地方表述出来，要做到生动新颖，富有可读性，吸引潜在消费者的视线和思维。

软文营销六要素

软文营销是一种具有顽强生命力和极高技巧性的广告营销方式。软文之所以被称为软文，其核心就在于一个"软"字——绵里藏针，藏而不露，吸引潜在消费者于无形之中。等到你察觉到这是一篇广告的时候，你已经被其中的故事吸引、被其中的情感打动，不知不觉掉入了企业精心设计的"文字陷阱"。

软文营销所追求的，是一种春风化雨、润物无声的传播效果。软文营销的文字不一定华丽，内容不一定震撼，但往往能够推心置腹、娓娓道来，用拉家常的方式，让消费者们觉得这是在为他们自己的利益着想。

软文营销主要通过以下六个基本要素来实现这一目的。这六个要素环环相扣，紧密结合，缺一不可。

图2-2 软文营销六要素

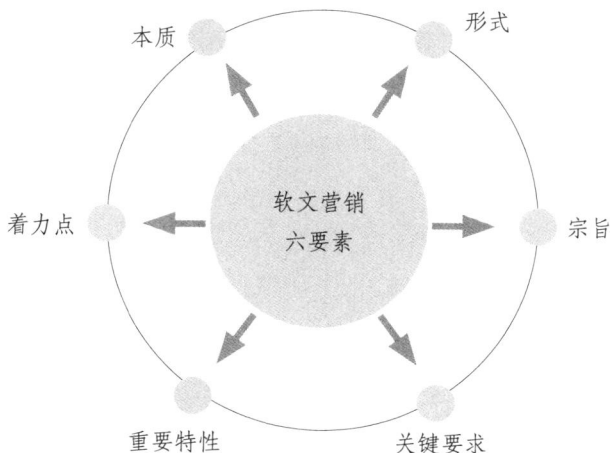

本质

从本质上说，软文营销就是在互联网上打广告。这种行为和一般的营销推广方式有着相同的目的，即遵循商业行为的本性，追求以低成本换取高回报。

形式

伪装是软文营销的重要基本要素之一。通常，产品广告会隐身在新闻、资讯、评论、事件、故事、管理理念、企业文化、技术与技巧以及包含文字元素的游戏等一切文字信息中。其目的在于通过这些内容吸引受众眼光，增加停留时间，强化受众对信息的记忆，进而激发对产品的兴趣，创造潜在消费者。

宗旨

软文营销的最终目的是产生消费者，但这需要建立在制造信任的基础上。无论是通过理论分析得出人类可以活到100岁的结论，还是通过明星效应吸引受众眼球，或者通过情感故事赚得网友们的眼泪，软文营销必须获得大家的信任，无论是对于企业的，还是对于品牌的，或者是对于产品的。只有大家相信你了，才有可能最后付诸行动。

关键要求

这是指在软文中，我们要把产品的卖点表述清楚。产品的卖点，不同于产品的利益点。它一般是指产品所具备的前所未有、别出心裁或与众不同的特色，可以是产品与生俱来的，也可以是通过营销策划人的想象力、创造力而无中生有的，比如"某款产品一上市全球热销1000万件"。

一篇软文，不仅要把技术讲得透彻，把故事讲得真实，把信息讲得有用，还要能够让大家了解产品及其卖点，否则，很有可能大家对产品只是停留在"哎哟，不错哦"的认知阶段，不会有进一步的了解，更不用说去复制或点击链接、购买产品了。

重要特性

软文营销具有病毒营销的某些元素，都强调软文的口碑传播性。好东西，要分享。在软文中，我们要提供信息，提供价值，提供情感，只有受众们获益了，才能形成口碑，软文才能被点赞、被评论、被分享、被转发。之所以强调口碑传播性，是因为，一般而言，朋友介绍、分享或转发的东西，别人会更容易相信，也更容易再次把软文链接转发给其他人。这样，无形之中，我们就扩大了软文营销的潜在消费者群体。

着力点

软文营销的着力点指的是兴趣点和利益点。不能激发大家阅读兴趣的软文，不能给大家提供利益的软文，都不是好软文。为了吸引大家的兴趣，你可以借助一些时下的热点话题，比如世界杯、电影首映等。而一些技术性、知识性的帖子之所以受人欢迎，其根本原因就是给大家带来了利益。

软文营销的"硬"优势

在广告满天飞、广告说服力不断下降的今天，软文对营销的拉动作用日益凸显出来。市场检验的结果已经证明，在树立品牌、传播概念、营销推广、提升知名度、塑造美誉度等方面，软文发挥了非常大的作用。因此，软文的操作深受每一家营销推广机构的重视。

究其原因，这主要是因为软文在通过互联网进入人们的视线时，表现出了其特有的优势：在发布消息时，它避开了人们对以往硬广的排斥心理，使人们在不知不觉中接受了信息。

因此说，软文也有"硬"优势。对此，我们可以从直接作用和间接作用两个方面来分析。

软文的直接作用

从普通大众最直接的接受角度来说，软文的"硬"优势主要体现在以下几个方面。

◎更容易被受众接受

放眼望去，电视、电影、户外、互联网等媒介，广告铺天盖地。消费者们已经没有最开始的新鲜感，甚至已经感到了厌烦，无论视觉上、听觉上都产生了较大的审美疲劳。当然，那种精巧构思的广告还是能够让人眼前一亮，留下记忆点。

总体来说，硬性广告越来越不受人欢迎。软文则很好地解决了这个问题。软文广告以一种委婉的方式出现，能够缓和潜在消费者的逆反情绪，令受众更容易接受。

◎让消费者产生愉悦感觉

像前面所说，软文需要文字功底，而不仅仅是那些固定模式。一篇粗制滥造的软文和硬性广告给人的感觉没有什么差别，甚至会更让人觉得商家缺乏创意。

一篇优秀的软文，不仅会散发出专业或权威的味道，还会让读者心生愉悦，能够给大家创造出良好的阅读体验，甚至读过之后，不觉得这是一篇广告，即便之后幡然醒悟，也会因为文字的优美、故事的真情而忽略广告的冲击性。也只有这样的软文，才能为企业赢得良好的口碑。

◎降低广告成本

硬性广告需要大量的时间、精力和人员投入，而最主要的还是大量的费用投入。潜在消费者只能被动接受这种广告，比如电视剧、综艺栏目前后或者中间插入的广告。时间长了，大家同样容易产生审美疲劳。

软文所需要的只是小手笔的小投资，无须庞大的广告费用支出。在表达上，软文比较委婉、温和，只是一篇文章来表达观点，其中的广告是暗藏的。这种广告形式给了受众很大的自主性：喜欢，可以收藏，可以分享，可以点赞，可以评论；不喜欢，鼠标一点，就关闭了。

◎优化关键词，提高搜索排名

截至2014年6月，我国搜索引擎用户规模达5.07亿，使用率为80.3%；手机搜索用户数达4.06亿，使用率达到77.0%。如此大的用户搜索量，为搜索引擎优化提供了广阔的市场空间。而优化关键词、提高搜索排名是每个企业在进行网络营销时都必须做好的一门功课。这可以决定四五亿的市场范围有多少可以被你占据。

图2-3 搜索/手机搜索用户规模及使用率

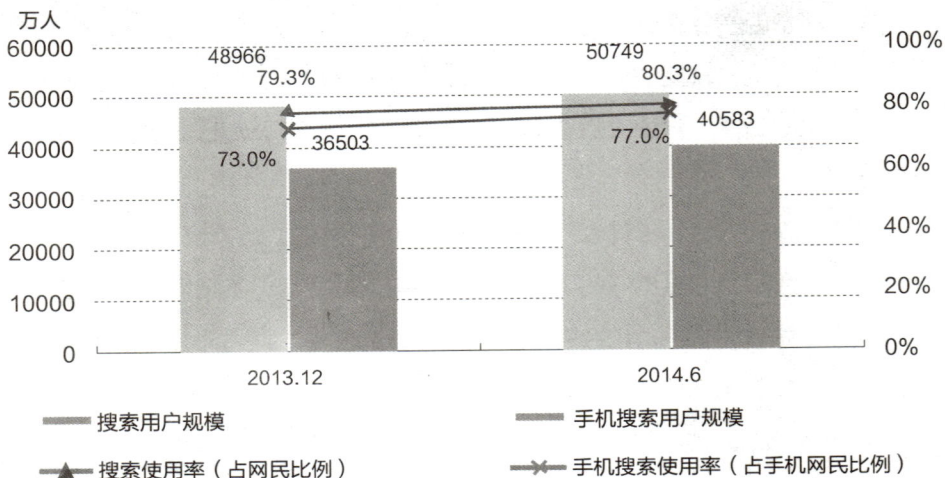

万人

	2013.12	2014.6
搜索用户规模	48966 79.3%	50749 80.3%
手机搜索用户规模	36503	40583
搜索使用率	73.0%	77.0%

- ■ 搜索用户规模
- ■ 手机搜索用户规模
- ▲ 搜索使用率（占网民比例）
- ✕ 手机搜索使用率（占手机网民比例）

资料来源：CNNC中国互联网络发展状况统计调查

在软文营销的策划中，我们通常会考虑到网站或企业的关键词，并在软文中尽量使这些关键词以一个合理的密度出现。这样一来，我们就可以提升关键词权重的贡献值。如果我们发布软文的媒体可以允许将关键词链接到网站，那无疑将会提升网站的权重。在此基础上，相关关键词的搜索排名也会有所提升。

软文的间接作用

软文的直接作用，从企业和消费者的角度都是显而易见的。但这些都是外在的，软文的真正价值还体现在间接的无形之中。

◎传播价值观

软文有很多是由单人完成的，因此很容易在其中表达个人价值观或企业文化。辅之以文笔和专业功底，观点的表达，有助于更好地宣传自己的企业或者网站，吸引用户兴趣，甚至可以引起同行的讨论。

◎呼应硬广，形成合力

硬广和软广各有千秋。现在仍然有很多企业愿意选择硬广的方式，同时他们也看到了软广的广阔天地。如果能够将传统渠道与互联网渠道结合起来，也就是使硬广和软广相呼应，线上线下相结合，那么广告的聚合效应会非常明显。试想，如果消费者在现实生活中听到了某个产品的一些信息，准备上网验证真伪时搜索到了大量的关于产品的正面信息，那一定会对产品的销售起到很大的促进作用。

◎树立企业形象

产品的同质化已经成了21世纪企业生存的最大危机。产品相似，服务雷同，消费者记得和认同的恐怕只有其中一家。那么如何在消费者心中树立形象就显得非常重要了。这需要借助新闻型软文。新闻可以帮助企业塑造出一个独一无二的公众形象、诚信品牌，让消费者记住。这是任何形式的硬广都无法做到的。

◎传递口碑效应，提升品牌知名度

好的软文能够让读者在轻松愉悦之间产生好的印象，这样，大家就会在不知不觉中记住该企业。而且，网民还会偶然向朋友提起，这样起到的效果，比硬广要强很多。知名度有了，产品品牌效应也就体现出来了。

拓宽软文营销素材面

怎样写出一篇高质量软文，是让每个软文营销者都头痛的难题。想写好软文，光有文字功底显然是不够的。当然，文笔并不是不重要，它可以决定一篇文章的文学性和耐读性。

但文字只是传递文章思想的载体。思想才是最重要的。那思想从哪里来呢？思想来自文章的选材和笔者的观点。如果你有好的文笔，又有好的素材，思维自然就会变得活跃起来。软文的质量也会相应地提高，审核通过率、文章转载率也会随之提升。

那么，写软文应该从何处取材来丰富和支撑我们的观点呢？千万不要说文章天天写、工作天天做，能取用的素材都已经用过了。其实，只要你善于打开思路，还是有很多途径和内容可供选择的。

利用企业新闻

这一点更适合大中型企业。

企业的价值理念、文化观、成长历程、品牌故事、重大事件——并购或上市等、行业性特色事件、危机公关事件、参加慈善活动、赞助体育赛事和娱乐赛事等、新产品上市、消费者体验、行业性观点、社会热点评论、领导人互联网渠道的推广（博客、微博、微信）等，都可以成为企业的新闻源，都可以作为新闻型软文的重要素材。

向互联网找素材

软文营销离不开互联网的支撑，用于互联网，取于互联网。互联网上的新闻和重大事件与软文操作密切相关。互联网是软文写作的重要资料仓库。比如，2014年的世界杯就受到了很多人的广泛关注，以此大做文章的软文也很多。

移花接木改文章

所谓"天下文章十大抄"，将别人的文章修改成为自己的文章，是软文写作的一个速成法。在具体操作时，文章的主题一般不变，只是修改一些细枝末节，然后将自己的观点和理念巧妙地融入进去即可。

旧瓶装新酒

举个例子，很多人在学习Excel、PS、Java等软件的时候，都会上网搜索教程。这方面的帖子当然浩如烟海。但这并不是说别人写过了，你就不能再写。只要你能指出某些教程的缺点或者不足，你还是有发挥的余地。

很多人都说现在是微信、微博的天下，没人看博客了，没人逛论坛了。其实，只要你的博客有质量、养得好，在论坛里发的帖子有内容、有感悟，还是有读者的，还是可以去写的。

从身边取材

除了以上四点，想写好软文，还应该学会从身边现实生活中取材。我们的生活中有很多事情发生，只要留意，就会发现很多题材和素材。

比如，你可以把自己亲身经历的案例写出来，再加上自己的感受、分析和评价，就可以完成一篇经验分享型软文；你可以把自己的案例、热点的东西、别人的案例总结出来，成为自己的东西，就可以变成一篇总结归纳型软文。

跳出软文营销误区

虽然软文营销受到了广大企业和消费者的好评，很多企业也都在不遗余力地运作软文营销活动，将其作为网络营销中最常用的推广方式，但并不是每个企业都对软文营销有彻底或者说是正确的认识。

因此，有些企业并没有从软文营销中赢利，似乎软文营销这个法宝在他们手里不起作用一样。其实，并不是软文营销疲软了，而是有些企业走入了软文营销的误区，在操作过程中抱着一些不切实际、不够明智甚至错误的想法。规避了这些误区，才能让企业行走在软文营销的快车道上。

图2-4 软文营销的常见误区

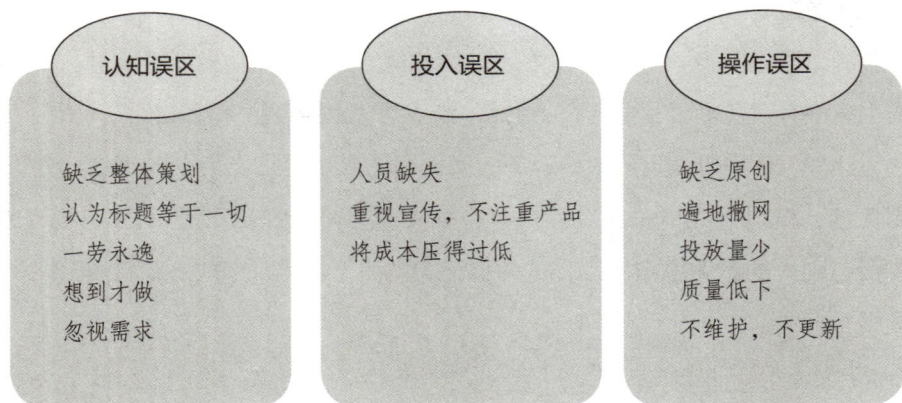

认知误区	投入误区	操作误区
缺乏整体策划 认为标题等于一切 一劳永逸 想到才做 忽视需求	人员缺失 重视宣传，不注重产品 将成本压得过低	缺乏原创 遍地撒网 投放量少 质量低下 不维护，不更新

对软文营销的认知误区

有一些企业对软文营销在认知上存在着以下一些典型的误区：

◎**在营销上缺乏整体策划**

软文营销自然要发软文，软文投放不等于软文营销。软文营销好比做一顿丰盛的大餐。将软文发布到媒体上好比将做好的饭菜端上桌。软文营销的工作内容远远不止于此。

真正意义上的软文营销，需要一个整体策划，需要根据企业的实际情况编制软文营销方案，根据实际需求确定媒体投放方案，还需要在对软文营销活动进行效果评估后，对软文营销方案进行修正。

◎**认为标题就是一切**

对于软文营销来说，标题的确很重要。一些有噱头、足以抢眼的标题，是可以吸引大众的眼球。但如果一味地炒作，甚至文题毫不相关，只有标题是亮点，其结果很可能是直接导致网民对企业品牌产生抵触心理。这样就得不偿失了。

◎**一劳永逸**

有些企业错误地估计了软文营销效果，认为软文就是"大力丸"，包治百病，而且药到病除，希望通过一次软文营销活动迅速提升企业形象和产品销量。这是不切实际的。一篇软文并不具备那么大的影响力。而且，软文营销的效果呈现过程是缓慢的。比如脑白金当时在进行软文营销的时候，做了一系列的软文，这就适度拉长了软文营销的周期。

再者，我们还需要根据不同媒体的特点，对软文的标题和内容进行调整，以适应该媒体的潜在消费者的需求。

◎**想到才做，缺乏持续性**

有些企业可能一年的时间只发一两次软文。他们觉得软文可以带来一些口碑，但能够直接带来的客户量是很少的，与其投入大量的精力和人力，不如在工作不忙的时候发一篇两篇地搞一搞。

的确，软文很少能够直接产生利润。因为软文的主要功效是提升企业形象，塑造品牌影响力，提升意向客户的成交率，在此基础上才能扩大潜在消费者人群。但软文的潜在影响力是巨大的。人们认识企业往往是通过广告，而决定成为其客户往往需要软文的催化。

◎忽视消费者的需求

软文营销不是钓鱼，不是布好局后，就可以请君入瓮。我们不能硬把软文塞给潜在消费者。要想树立企业的品牌形象，打造忠诚的消费者，我们需要从消费者的需求出发。我们要做的是提供价值，为消费者解决问题，他们需要什么，我们就为他们提供什么，或者帮助他们找到解决问题的方法。

对软文营销的投入误区

有的企业虽然重视软文营销工作，但在软文营销上的投入不足，这同样会影响软文营销的效果。

◎缺乏专业人才

很多企业都会设置"策划""市场"等职位，却很少设立"文案"这一职位。好像文案这个职位只是为广告公司或公关公司而存在的。要制作高质量的软文，可能普通策划的撰写能力是达不到要求的，尽管可以做到内容全面、表述明确，但在可读性上会毫无吸引力，味同嚼蜡。"术业有专攻"，真正的文案往往可以化腐朽为神奇，不仅可以撰写出高质量文案，还能够从不同角度撰写出不同的软文。

当然，并不是每家企业都必须设立文案的职位；如果企业不愿意设立专职，也可以聘请广告公司或公关公司的专业软文作者。

◎成本压得过低

举一个可能不太恰当的例子，如果你贪便宜，在超市买了第二天就会过期的食物，回家后放在冰箱里，一个星期之后才想起来，食物早就过期了，你的钱就被浪费掉了。

市场容不得沙子，一分钱一分货，如果把软文营销的成本压得过低，可能会导致软文的质量也上不去，或者只能把软文发在一些无人问津的角落里。结果，读者不愿意看或者根本看不到，即便发得再多，也难以达到预期的效果。

◎只重视宣传，不注重产品

在软文中，我们必须要凸显产品的卖点。但有些企业只是一门心思地"炒概念"，反而将概念的承载者——产品束之高阁，结果可能产品的卖点缺乏实物相支撑。这样，产品推广就变成了纯粹的概念炒作。卖点应该依托产品，否则就会变成空中楼阁。

对软文营销的操作误区

在软文营销的具体操作中，我们应该避免以下一些误区，以提高软文营销的效果。

◎缺乏原创

软文营销绝对不是简单的复制、粘贴或者胡拼乱凑。用于宣传的软文，要尽量保证原创性，而且要尽量做到精彩。软文是一种"网络传单"，如果只是换汤不换药，其结果只能是石沉大海，不会收到半点效果。

◎遍地撒网

谈到网络印象，一些企业就会想到博客、微信、微博、论坛、视频、邮件等诸多营销方式。其实要做好网络营销，并不需要把所有的营销形式都派上阵。

软文营销也是一样。我们只需要选择最适合的渠道，无须盲目地进入门户网站，或者希望把每个阵地都占领。比如，如果企业只是一家市内的餐馆，没有连锁店，消费群也以本地居民为主，那么软文营销范围设定在市内的媒体，比如当地的网站、报刊等就可以了。

◎投放量少

这和遍地撒网的误区并不矛盾。有些企业为了节省费用，只选择了几大门户网站进行宣传，然后坐等其他媒体转载。其他媒体是否转载，不完全在于软文首发网站的知名度，主要在于文章自身是否具备新闻性和传播性。

软文营销所选择的网站数量要科学化，以形成科学化覆盖——可以在门户、新闻、行业、经济、地方等网站都有所覆盖，然后才能产生口碑宣传。宣传媒体过少，搜索引擎对标题的抓取效果会降低。当然，在这个过程中，要保证发稿的连续性，以免出现宣传断档。

◎质量低下

软文覆盖科学化所解决的是读者群少的问题。另一方面，也是相当重要的一个方面，绝对不能忽视软文的质量。软文不能是东拼西凑的伪原创，至少是要深度伪原创，最好是那种一眼能够俘获读者眼球的高质量真原创。

软文质量不高，一天发几十条也没有用，边际效应只会递减。软文质量的好与坏将直接决定百度收录、直接引入的流量以及网站的优化排名等。有时候，即便你发布的范围窄，但只要软文足够优秀，仍然可能获得大量的转载。

◎不维护更新

将软文发布到媒体上，并不意味着营销过程结束了。即便软文在投放之后，取得了不错的效果，也不是说就可以"刀枪入库，马放南山"了。

软文营销是一个长期过程。在投放之后，要对软文进行维护、顶帖。如果不进行维护，软文很容易就会沉底，可能展现在第一页的时间会非常短暂。及时维护更新才有助于把软文的最大潜力挖掘出来。

软文营销对企业的积极意义

一提到软文营销，许多做媒体的朋友就会想起20世纪90年代软文打天下的时代，脑白金、海尔、格力，都曾运用软文获得良好的营销效果。可是到了现代，很多人认为软文营销用得太多，消费者早就已经产生了免疫力，其效果大不如从前。其实互联网时代的到来，带来了多元化的传播渠道，使得软文营销拥有了新的生命力。

事实上，如果软文营销做得好，能让中小企业与大企业相抗衡，好似能让"草根"脱颖而出，成为鹤立鸡群者。

那么，在互联网时代，软文营销对企业有何意义呢？笔者认为软文营销的意义主要体现在以下几个方面。

第一，有助于企业的产品定位和营销脉络的梳理。软文营销是与企业的战略目标紧密结合的，软文营销也是企业实施的具体营销方式之一，系统的调研、周密的策划、撰写的创意、动态的调整，都能够帮助企业进一步完善营销方案，明确品牌定位、公司定位。

第二，有助于企业的自身文化建设。文化是产品和品牌的个性和灵魂，是他们的精神内涵。在企业里，内刊是企业开展软文营销的重要阵地。具体来说，内刊是企业统一思想，提高企业内部凝聚力的最有效手段。内刊是员工之间、管理层与员工之间交流的桥梁犷能够有效传达企业上层的思想政策和管理理念。员工可以通过这个平台了解企业的发展动态，接受现代管理理念，开阔视野。企业可以通过平台了解员工的心声和想法。

当我们用内刊影响员工的时候，实际上也在间接地影响我们的客户。如果把内刊赠送给客户，恐怕对外的影响力已经不仅仅是企业文化建设了吧。可惜的是，目前国内有内刊的企业不足4万家。如果说用传统的纸质载体做内刊，涉及排版、印刷等环节，对于部分企业来讲会觉得成本高，但是电子内刊成本低，电子内刊中的优秀软文还可以直接应用到传统媒体和网络媒体。遗憾的是，这么好的营销方式还有大批企业没有应用起来。

除了内刊，在企业内部，领导写给员工甚至员工写给领导的感谢信、表扬信等也是软文营销的重要表现形式，对于增强企业凝聚力和企业文化建设也有重要影响。

第三，对企业外部来讲，软文营销的意义主要表现在促进销售、品牌塑造和危机公关三个方面。除此之外，要重点指出网络软文营销对于网络营销的贡献。

其实对于很多企业来讲，已经在开展网络营销，但是仍然停留在做营销型网站、做百度推广及做了关键词优化之后的阶段，没有考虑其他的手段。

网络软文营销是网络营销的灵魂，有了它，网络营销才会有内涵和高度。此外网络软文关键词嵌入、链接插入会直接为营销型网站带来流量，带来精准的潜在客户。

第三章 软文营销的策划操作

策划永远是营销活动的第一个阶段。通过策划，我们可以制定一定时期内的整体软文营销战略，确定软文写作方向和写作要求，选择软文投放平台，并为软文营销工作做好全部的前期工作。如果条件允许，企业应尽量坚持自主策划，如果软文营销策划涉及的内容众多，企业也可将其交由专业的网络营销机构完成。

本章关键词：

营销调研　确定主题　结构设计　软文切入点　收尾设计

通过调研，明确软文营销需求

软文营销作为一种营销行为，在进行具体的操作之前，也必须通过调研进行市场分析。通过调研，我们可以分析潜在消费者的特征，更好地策划软文话题、制定正确的媒体策略、吸引潜在消费者的注意，从而保证软文营销活动的准确性。

一般来说，软文营销调研可以从内部调研和外部调研两个方面进行。

图3-1 软文营销调研的内容

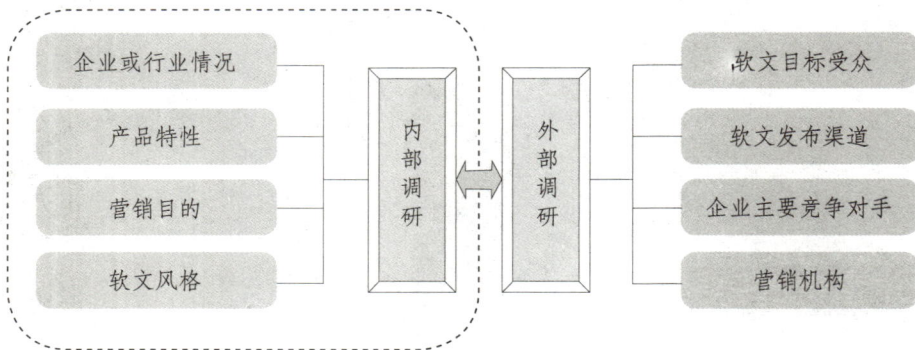

软文营销的内部调研

首先，无论是做任何一种营销推广活动，了解企业或行业的自身情况，都是最先需要做的工作。在进行调研时，你要了解企业的创业史、管理模式、经营模式、所获荣誉、所参与的公益活动或赞助活动等。了解这些，可以为软文营销提供丰富的素材，尤其是针对新闻型软文来说。

如果你要宣传自己的网站，就要了解自己网站的性质，是社交型网站、购物型网站，还是新闻型网站、行业型网站，然后找出网站所有的特点。

之所以强调了解自己的企业，主要是因为企业不同，营销需求也有差异，而且营销推广比较忌讳盲目地模仿别人。只有根据自身情况，做出自己的特色，才能更好地树立品牌。

其次，你要分析产品的特性。只有对产品足够了解，才能够为软文营销确定最佳的主题和切入点，并成功地将消费者的需求、品位和产品的特性、卖点联系到一起，写出来的软文才可能让读者真正"走心"。比如，如果你的产品是体育用品，那么软文营销所针对的自然是爱好运动的人群；如果你的产品是母婴产品，那么软文营销所针对的自然是年轻妈妈这个人群。

再次，对于此次软文营销活动的目的，也必须明确。不同类型的软文，会给受众不同的阅读感受。如果你想将企业广而告之，可以使用新闻型软文，让企业占据头条新闻的位置。如果你想通过引导概念带动销售，就需要提升软文的技术含量，并且不要急于求成，甚至可以拉长软文营销的战线。总之，软文的主题、类型、题材等，都必须适应和符合营销目的。

最后，在确定了以上内容之后，你要针对软文本身进行调研，以确定营销活动应该采用什么样的主题、类型、素材等。这些因素可以在某种程度上决定软文营销的效果。这一点需要结合软文营销的外部调研而确定，比如，如果我们的目标消费者是90后，那么软文的语言风格就要符合他们这一人群的语言习惯，使用一些火星文、网络用语等。这样才能拉近和对方的心理距离，产生信任，获得更好的营销效果。

软文营销的外部调研

在互联网思维中，第一思维就是用户思维，或称用户体验。在网络营销学中，用户被放在了最重要的位置。只有深入地分析用户的特点和需求，才能更好地提供服务，满足需求，才能写出真正满足用户需要、促使用户转化的软文。因此，在撰写软文之前，要针对软文所围绕的产品去分析消费者，找到适合产品的精准用户。

软文写得再好，目标消费者看不到，等于没有做任何的宣传活动。我们需要了解哪些网站、论坛、博客、微博聚集着自己的精准用户。在这样的平台上发布软文，才会事半功倍，才能真正把企业的钱花在刀刃上。

对企业主要竞争对手进行调研，主要是要了解对方做了哪些软文营销动作，以及其营销活动的效果如何。我们可以以此作为参考和借鉴。

并不是所有的企业都会自己撰写软文，因此就需要和一些营销机构合作，或者聘用一些软文作者。对于这些营销机构、软文作者的资历、作品等，你有必要详细了解，以便做出最优的选择。

确立软文主题

软文策划是一个脑力活，但有些人却把它做成了体力活——把搜集到的一些资料整合在一起，修饰一下文字，顺畅一下思路，就完成了软文策划工作。这样做出来的软文，十有八九都是没有主题或者有主题也不够明确的，读者看了之后一定会云里雾里，不知所谓，其效果必定会大打折扣。

我们常说，谋定而后动，三思而后行。这些格言无一不在强调方向性的重要。不管做什么事情，制度制定也好，计划修正也好，首先要有一个正确的方向，方向错了，以后的路就很难走对。软文营销也是如此。对于软文营销来说，主题就是方向。软文的诉求主题是什么，那么你的引文、案例、故事、数据、图片等，就都要围绕着这个主题来选择和组织。

主题明确而集中

软文不会长篇大论，通常不会超过1500字，甚至更少。想通过这样的文字篇幅把要表达的信息全部传递出去，需要很好地设计构架、组织内容。我们既要保证内容完整，又要惜墨如金，把你的笔墨集中地体现在一个主题上。我们总是说软文要注意其针对性，意思就是强调要有一个明确的主题。

挖掘主题

在软文立意的时候，我们可以通过新浪新闻、百度指数以及一些热门论坛去关注一下互联网的最新动态。这可以帮助我们在确立主题的时候获得一点灵感。

一篇好的软文一定要具备广泛的传播力。如果我们能够通过一些网站找到潜在消费者需要解决的问题或者感兴趣的话题，往往就可以借此挖掘出一个高质量的软文主题。

合理设定主题

软文的主题，除了可以从互联网上挖掘，我们也可以自己设定。

首先，你要明白软文的诉求是什么，就是你这篇软文的中心论点是什么，也就是要通过软文宣传什么。比如，你可以选择行业背景、市场反应、产品优势、消费者对产品的使用心得等，都可以作为宣传对象。

◎以利益点为软文主题

简单地说，就是以产品能够带给消费者的利益承诺为软文的主题。

我们可以以产品的功效为主题，即突出产品的某种独特功能、效用。通常，我们称之为卖点，或USP（独特销售主张）；或者以产品的质量为主题，即在软文中突出产品的优良品质，比如Holison服饰发表于消费者权益日的关于产品质量的致歉信——《好来西在您身上，您在好来西心上》；或者以物美价廉、经济实惠为主题，为潜在消费者提供直接的物质利益——这种以价格为主题的软文既可以进行高价定位，也可以低价定位。

◎以精神满足为软文主题

与利益满足相对应的，我们还可以以精神层面的满足为软文的主题。通常，这种主题的软文会更容易获得消费者的喜爱。

我们可以以培养或改变消费者某种观念为目的制作软文广告。这种软文的目的是引导消费者形成对与促进产品销售或树立企业形象有关系、有影响的认识或关注。比如，以推广品牌为主题的软文，可以帮助消费者建立对品牌形象的信赖度，进而会喜欢上企业的产品。

我们还可以以情感为主题，即以满足消费者某种情感需求为主题。情感需求种类很多，比如爱情、亲情、友情、闲适、快乐、荣誉、时尚、归属感、自尊心、成就感。虽然消费者情感需求的满足是以物质需求的满足为基础的，是附加在产品上的，而且往往需要通过某种情境的联想或共鸣才能实现，但情感需求的满足往往比物质需求的满足更容易带动产品的销售。

图3-2 企业品牌与消费者的关系

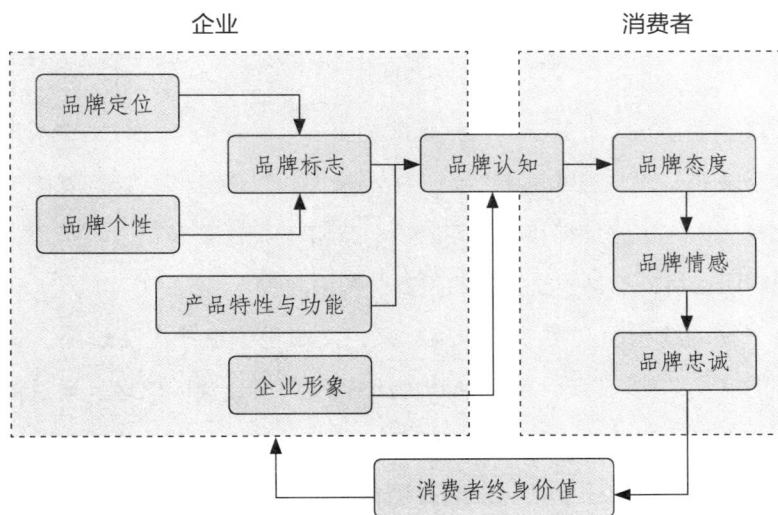

企业　　　　　　　　　　　　　　　　消费者

品牌定位 → 品牌标志 → 品牌认知 → 品牌态度
品牌个性 → 品牌标志
品牌认知 → 品牌态度 → 品牌情感 → 品牌忠诚
产品特性与功能
企业形象
消费者终身价值

在实际的软文操作中，我们要根据不同产品的特点以及消费者的需求来确立软文的主题。此外，我们还可以将以上的主题类型相结合，物质利益满足和精神需求满足双管齐下，既用利益承诺来吸引消费者，又从情感或观念方面来打动消费者。

设计软文整体结构

一篇软文，有了好的标题，只是成功了一半。任何一篇软文，都是由多个部分组成的。软文通常篇幅不大，短小精悍，言简意赅。如何安排这些部分，怎样使内容更好地衔接，起承转合，环环相扣，有逻辑，有条理，并且充分地利用素材，都是软文策划的重要过程和内容。

有了好的结构，文字才能丰满起来，文章也不至于虎头蛇尾、喋喋不休。好的软文结构可以让读者更多地吸纳软文所要传递的信息。通过精巧的设计，读者可以了解软文的风格和特色。是情感煽动，还是清新优雅，是客观描绘，还是故事叙述，都可以通过结构完整地体现出来。可以说，结构决定了一篇软文的风格。而且，那种符合潜在消费群体喜好的结构设计，通常能够一下子抓住消费者的心。

凤头猪肚豹尾

好文章一定是凤头猪肚豹尾式的，就是一开始要像凤头一样斑斓夺目，内容要像猪肚一样饱满丰富，结尾则要像豹尾一样简洁有力。一篇软文也可以据此安排结构。

凤头指的是软文的导语或引言，或者提出一个概念，其目的是：引起读者的注意和兴趣，制造渴望；表明软文的主题，说明主题范围、重要性和结果；预览软文的主体部分；表明软文作者的兴趣或观点，等等。

猪肚指的是软文正文。该部分是软文的主体。在这个部分，我们可以按照空间位置顺序、话题展开顺序、因果关系顺序、逻辑推理顺序、问题原因解决方法顺序组织内容，或者将你的主要观点逐一列出。软文正文的描述要清晰而实用，为读者传递价值。具体到内容上，我们可以采取幽默、反复、比较或对照、叙述、举例、总结归纳等描述方式。

豹尾指的是软文结尾。软文的结尾部分，主要通过一点震撼和回味，把读者拉回来，与主题相呼应，激发读者参与的兴趣和购买的行动力。

软文写作公式

上面所讲的凤头猪肚豹尾写作法，是写文章的通行方法。对这个方法，我们还可以进行细化，构成一个软文写作公式。

图3-3 软文写作公式

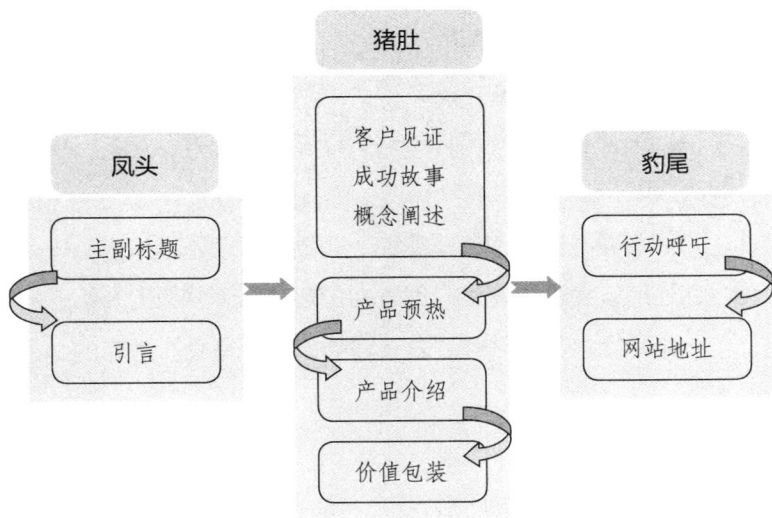

◎标题与引言吸引

引言与主副标题是一体的，起着承接标题、引出话题的作用，一般会概述软文的核心内容，旨在立即抓住浏览者的注意力。浏览者往往只会给我们几秒钟的时间来说服或引导他继续看下去。比如，你可以设计一个离奇的成功故事，再加上具体的数字，然后告诉大家这并不难实现。

◎故事与概念阐述

在这个部分，你可以阐述企业理念、产品概念；可以列举消费者的产品使用体会，即客户见证；可以讲述创业、产品等方面的故事，充分利用大家爱看故事的心理。这种做法可以解除读者的怀疑，提升阅读的兴趣。

如果是客户见证类型的，见证内容要贯穿始终，而且要加上最精彩的见证内容。如果写故事，最好以第一人称来写，并注意叙述要平实、感情要真挚、语言要口语化，如软文《一位老板的坎坷红酒创业路》。

◎产品推介

实际上，产品推介的内容并不是单独列出来的，更多的是融入整篇软文的，但产品推介的目标与要点是相同的。

我们可以介绍产品的背景，放大潜在消费者的问题，强化他们对"解决问题的方案"的需要，并暗示给读者我们可以提供这种方案，以帮助他们改善现状、解决问题。

为此，我们需要将产品的主要功能、特色方面的内容植入其中。为加强其说服力，你还可以为软文配图。通过功能与特色等方面的介绍，你要告诉消费者他们可以从本产品中获益，这种益处既可以是物质方面的，也可以是精神方面的。

◎行动呼吁

在软文的最后一部分，我们可以提出行动呼吁，比如"下次请客或者有人请客，我还来这里！""一举两得，何乐而不为呢？""那么，你还在等什么！"

那种促销型软文，则可以直接写明优惠信息，比如免费赠送试用品或者产品性价比或者最后期限等，其目的是促使消费者立即掏钱购买产品。

在软文的最后，你还可以加上网站或网页的链接。虽然广告嫌疑比较重，但在某些网站或论坛，这种做法是允许的。

锁定软文切入点

我们一直强调一个"软"字，其核心意思就是要将产品信息不突兀、完美地融合在文章中，达到"润物细无声"的境界，让读者在读到软文时可以产生共鸣，让潜在消费者在潜意识里接纳软文所推广的信息，并记住品牌和产品信息。要做到这一点，就需要找到一个恰当的、符合的、好的切入点才行。

软文的切入点，是指软文从什么方向、什么角度来写。高质量的软文，都有一个好的恰当的切入点，这样才能增加软文的宣传效果。其实，不只是软文营销需要找切入点，博客营销、微信营销等其他所有类型的网络营销，都需要锁定切入点。

通常，我们可以以下面这些角度作为切入点。

行业趋势

我们可以以行业趋势作为切入点，借此宣传本企业产品的优越性。这种软文写作法，可以提高企业和产品的行业地位，吸引消费者的注意，也可以引起经销商的注意，甚至同行的仿效。

产品或网站

以此为切入点等于为宣传而宣传。比如要写关于饮料的软文，你就要对饮料的特点、口味、口感、外包装等方面进行了解和分析，然后再根据相关的关键字去写。这些分析出来的特点，都可以作为软文的切入点。

消费者

我们可以从消费者的角度出发，以故事性引导打动读者阅读下去。比如，软文《儿子坐车总算不晕了》，讲述了这样一个消费者亲身经历的故事：在药店工作的年轻妈妈因为担心副作用，不给6岁的儿子吃晕车药，但在一次回父母家的时候，因为儿子晕车，不得不让儿子吃了售票员给的一种名叫"飞赛乐"的晕车药。没过多久，她的药店就采购了"一粒见效"的"飞赛乐"。

热点事件

热点事件和新闻在网络上有着很高的点击量和曝光率。那么，你就可以揣摩一下是否可以借此去写软文。比如，面对吸毒事件，可以写关于毒品危害的软文，以此提醒大家远离毒品、呵护健康的重要性，同时植入自己戒毒瘾的产品。

大众话题

在网络上，总是有着一些永恒的大众话题，比如"美女""明星""瘦身"等。关于这些方面的软文，互联网上比比皆是。以"美女""瘦身"两个词语为例，如果你百度一下，会发现搜索结果多达1亿条。此类话题的受欢迎程度可见一斑。

最后，需要注意的是，选择软文的切入点，有一条最基本的原则，就是以消费者或潜在消费者的需要为前提。软文终归是给消费者们看的。因此，你写的软文就要倾向于你的目标消费者群体。

比如，你是卖女靴的，如果写的软文是关于如何瘦身、怎样美白的，那就彻底搞错方向了。这时候，你应该分析，你的女靴产品的目标消费者群是哪些，这些人通常喜欢浏览什么样的网站，是美丽说，还是蘑菇街，是新浪女性频道，还是瑞丽女性网，都浏览什么内容，然后根据这些去选择切入点，才能获得不错的效果。

软文收尾的巧妙构思

前面，我们把软文收尾的方式称为豹尾。顾名思义，所谓豹尾，就是要让软文的结尾干脆有力，甚至可以给消费者一种一锤定音的感觉。

一篇好的软文，不仅要有一个别致的标题、吸引人的开头和主体，契合消费者的需求和口味，还要有一个有力的收尾。可以说，收尾也是一篇好软文非常重要的一部分。

软文的收尾对信息推广是很有帮助的，可以在读者即将离开页面的时候，帮助其加深记忆，增加软文的"回头率"，激发其进一步了解产品、网站信息的兴趣。

那么，一篇好软文应该通过什么样的方式收尾呢?

图3-4 软文收尾方式

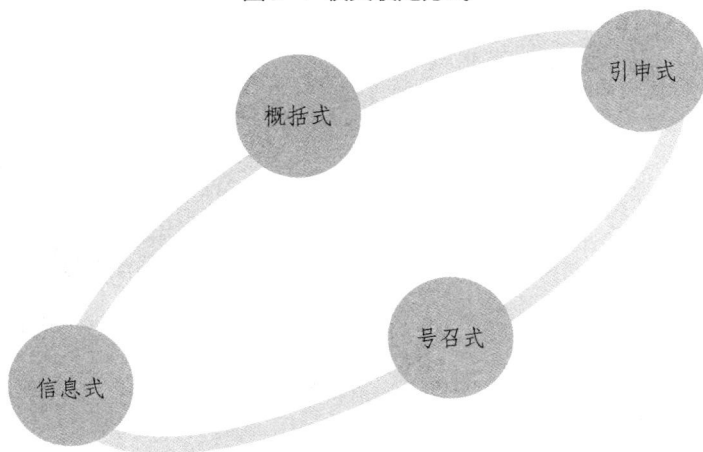

概括软文核心内容

通常，一篇软文可以这样结束：重述观点，与开头相呼应再次点出主题，或者结合软文的内容进行"总结性发言"。有时候，软文可能是从其他地方借鉴过来的，如果没有收尾，你就可以发挥想象加上一个；如果有，可以用自己的话把收尾的内容复述一遍。

未完待续，引发思考

这种方式更适合那种连载性的软文，类似于罗志祥与曾恺玹拍摄的飘柔系列广告。在软文收尾的时候，就可以总结一下整篇文章，并为下一篇文章开一个头，甚至可以直接标注"未完待续"。这样不仅能够吸引读者，还能够形成自己的软文风格。

产品信息流出

在软文的收尾部分，产品信息流出是重中之重。在这个地方有自己的产品信息，对于软文带来的效果有很大的帮助。收尾处的产品信息往往一笔带过即可，不需要展开说明。否则，会加重软文的广告味。

有的时候，你还可以在收尾的地方加上网站的链接。当然，链接不要加入过多，一般一篇文章只允许加入一个链接。一些权重高的网站，都不允许加入过多的链接。

如果你的软文是促销型软文，那么收尾则可以直接传达企业名称、产品购买方法、接受服务方法等附加性信息。

发出号召

在软文的最后，你也可以直接发出购买号召。

另外，需要注意的是，在设计软文的收尾时一定不要过长，几句话就行，只需要进行简单的总结或补充；一定要加入关键词，这样才能使软文更容易被收录。

第四章 好标题是软文成功的一半

在文章传播的过程中，标题就是文章的眼睛，最能够体现我们把握文章思想和运用文字的能力。软文的标题起着提示、概括或评价文章内容，吸引读者阅读兴趣，组织和美化版面等重要作用。因此，可以说设计一个好的标题，对于软文来说相当于画龙点睛。

本章关键词：

标题党　新闻标题　标题模版

"标题党"的是与非

　　一些人在论坛上发帖的时候，因为怕帖子点击量不高，吸引不了人气，往往就会在标题上玩花样，取一个跟帖子完全无关或没什么关联，虽然严重夸张但又非常抓人眼球的标题，以骗取大家点击来迅速提升帖子的人气。后来，人们将做出这种行为的人称为"标题党"。

　　一开始，由于这种方法新鲜出炉，吸睛效果奇佳，在论坛、博客以及门户网站上，很多人都争相效仿。但后来，大家都很厌恶这样的行为。甚至，某些论坛的管理员会对这种行为进行惩罚。

表4-1 标题党的"三宗罪"

事项	说明	举例
歪曲事实	或者割裂语境、断章取义，或者忽视文意、肆意歪曲	《北大校长称美国教育一塌糊涂》一文选取了部分内容大肆夸张
错过价值	充斥性爱、暴力、罪恶等内容，污染页面	《干了112天终于湿了》一文的内容是深圳取消干旱预警信号
肆意恶搞	过度娱乐化，缺乏人文关怀，甚至拿别人生命开玩笑	《广州"酷"毙三十余人》一文的实际内容是多人因为中暑死亡

　　一篇文章标题应该是从事实富矿里提炼出来的精华，而不是矿渣。一个好的标题，要充满智慧和创意，需要用心去构思，不能含糊其辞或过于抽

象，或者为了追求眼球效益而故作离奇。否则，换来的，只有读者点击之后感到上当受骗的失望。而且，即使你能够吸引大量的眼球，那也不是目标消费者，点击量再高，也是无效流量。

实际上，标题党还有良性与恶性之分。

恶性标题党有着上述的"三宗罪"。像相声里说的把《水浒传》改成《3个女人和105个男人的故事》，把《唐伯虎点秋香》改成《我那爱人打工妹哟，博士后为你隐姓埋名化身农民工》，把《卖火柴的小女孩》改成《残忍啊，美丽姑娘竟然被火柴烧死的惊天血案》，这些都是标准的恶性标题党行为。

而良性标题党有很强的幽默性和娱乐性，是和Just For Laughs Gags（加拿大的一个整人娱乐节目）一样的善意搞笑行为。比如，《某地市政处竟然明目张胆做黑心工程！愤怒！》所配的是一张用沥青画的心形的图片；《我昨天涉及了一桩洗钱案件》所说的是洗衣服的时候忘了把钱掏出来，结果一起洗了；《尼玛出大事了。今天看到一辆出租车撞到了法拉利》中的出租车是真的，法拉利是一辆玩具车。

良性标题党的对象是有大把空闲时间的网友。这些人乐于见到新鲜事物，即便发现被骗，也会轻松一笑。百度的"标题党吧"就是一个良性标题党的交流平台。良性标题党既可以娱乐自己，也可以娱乐大众。

设计标题的规则

撰写一篇好的营销软文，其中第一个最重要的环节，就是拟定一个好的标题。一般来说，标题的优劣决定着软文能否成功引起受众点击的兴趣。如果你的软文标题不吸引人，点击量就很难有增加，这样你写的软文再好也是没有用处的。

从另外一个角度来讲，对于那些基于搜索引擎的软文，标题中的关键词将直接决定搜索引擎的收录，甚至影响网站的权重。

在标题的设计过程中，我们可以参考"现代广告教皇"大卫·奥格威所总结的十条广告标题准则。

表4-2 大卫·奥格威的广告标题准则

事项	准则
表述清晰度	平均而论，标题比本文多五倍的阅读力，如在标题里未能畅所欲言，就等于浪费了80％的广告费
利益点	标题向消费者承诺其所能获得的利益，这个利益就是商品所具备的基本效果
信息	要把最重要的信息贯注于标题当中
产品名称	标题里最好包括产品名称
吸引力	唯有富有魅力的标题，才能引导阅读副标题及本文
标题规格	从推销而言，较长的标题比词不达意的短标题，更有说服力
引导性	不要写强迫消费者研读本文后，才能了解整个广告内容的标题

事项	准则
明确性	不要写迷阵式的标题
语调	使用适合于产品诉求对象的语调
情绪	使用情绪上、气氛上具有冲击力的词语，如心肝、幸福、爱、金钱、结婚、家庭、婴儿等

符合了以上这些广告标题准则，你的软文标题就具备了基本的营销功能。为了进一步提升标题的可读性和吸引力，适应互联网读者的阅读需求，在结合以上十条广告标题准则的基础上，我们可以进一步总结一下营销软文标题的设计规则。

主题要鲜明

软文的标题是整个文案内容的高度总结与概括。因此，标题必须主题鲜明，能够让人们看到标题就能了解软文的大致内容。

主题鲜明还有另外一个解释，即要准确、明快，比如《"洞庭模式"引发了餐饮行业的科技革命》。一个标题，如果云山雾罩、言不及义，让大家看了半天，还是没人知道写的是什么内容，那么就不会有人有兴趣点进去看内容了。记住，一个标题留住受众的时间可能只有短短的三五秒钟。

表述要简洁

根据有关统计资料显示，一篇软文标题的字数一般不少于7个字，不超过15个字，最多不要超过28个字。比如蒙牛的软文《女人不美，男人要负一半的责任》，标题只有11个字，而且简洁明了，一看便懂。当然，这没有硬性规定。通常简洁明快的标题更容易让人记住，当然，具体问题具体分析，可以视软文的实际情况而定。

行文独特有个性

这些年，人们总喜欢"吐槽"某些影视剧、建筑物等，并通通冠以

"雷"字。实际上，从刺激性、吸引力和逆反心理等方面来分析，"雷"性十足的标题往往是有个性、有创意、有独到之处的，也往往最能吸引受众注意力。总之一句话，标题可以雷人，内容不能骗人。

感官吸引力

首先，在设计标题的时候，需要综合考虑视觉化和艺术性等因素，注意标题的字体、字号、字色和位置等方面。

其次，标题的内容要尽可能地与潜在消费者的心理需求连接起来，要能够激发他们的好奇心、喜悦感、满足感等情绪，比如《鲜为人知的10种微信营销秘诀》。这样软文才能增加感染力，充分发挥营销作用。

再次，在确定标题的时候，我们可以锁定特定的营销对象，以便使标题更有针对性，这样可以进一步发挥软文的说服力，比如《90后开网店，月入十万元》。

风格网络化

互联网强调娱乐化、个性化、互动性。因此，营销软文只有具备这些互联网元素，契合网络文化和网友的心理特征，才能在互联上流行起来，比如《杯具！为30岁女人敲响警钟》。

软文是为搜索引擎优化服务的。因此，标题需要符合搜索引擎优化的基本条件，不仅要在字数上有限制，还要含有优化的关键词，比如《2014年软文营销十大经典成功案例》。如果关键词影响阅读，也不一定每篇软文的标题都必须包含关键词。如果能够考虑到搜索引擎的中文分词技术，就更好了。这样才能更容易被搜索到。

不能一个标题打天下

在网络营销时代,"一招鲜"不足以"吃遍天"。软文营销更是如此,绝对不能靠一个标题打天下,想用一个标题在所有的传播渠道、不同的营销阶段"大小通吃"。换句话说,软文的标题应该根据传播渠道、营销阶段等的改变而有所调整。

之所以如此,是因为我们需要考虑读者会产生视觉疲劳的问题。试想一下,不管在任何渠道、任何时间,读者看到的与你的产品有关的软文永远是雷打不动的同一篇,一定会感觉到厌烦,甚至不会再次点击浏览。这样就无法保证软文的针对性和时效性。

从不同角度设计标题

在制作软文的时候,我们要注意不同载体、主题、题材对标题的要求,甚至可以为软文选择不同的标题。当然,内文也应该跟随着标题而进行调整。

比如,我们可以根据网站的特点制作标题,以体现自己的特性。一般来说,新浪网比较注重新闻时效性,搜狐网比较注重娱乐性,网易比较注重文化气息,天涯社区则比较综合,而且偏向于时尚性、八卦性。

依热点新闻选标题

洗之朗,专业人士称之为智能化便后清洗器,俗称洁身器、电脑便座,堪称以"洗"代"擦"的革命性产品。

　　"非典"初期,《华商报》随即开辟专版,普及预防知识。一时间,"卫生习惯"成了热门话题。洗之朗快速反应,一边向部分医院和医护人员赠送产品,一边在终端市场特价销售,并制作了一篇名为《一个被99%的人忽视的卫生习惯》的软文,并适时地刊登在《华商报》的"五一特刊"上。

　　"非典"中后期,全国媒体纷纷声讨生活陋习,《华商报》也不例外,开辟了"家庭生活陋习探讨"热线,并开设"审视生活陋习,倡导文明生活"专栏。声讨生活陋习、改变卫生习惯的新闻话题炒得家喻户晓、老少皆知。洗之朗再次跟上步伐,趁势在《华商报》《西安晚报》相继刊登了一篇名为《重要提示:便后清洁方式得改改》的软文。

　　这两篇软文使洗之朗名声大噪,广受欢迎。由于洗之朗在软文操作方面的快速反应、精明策划,广告界、策划界和部分企业开始密切关注并纷纷仿效,最终形成了"洗之朗软文营销模式"。

　　洗之朗软文营销的成功之处,就在于他们搭载了当时最重要、最受关注的新闻话题的顺风车,而且根据时下的热点从不同角度撰写了软文,并为软文选择了与时宜相契合的标题。

根据消费需求选标题

　　在不同的阶段,消费者的消费需求是不一样的,因此他们搜索时使用的关键词也是有所区别的。那么我们就可以根据消费者在不同阶段所使用的关键词及其实际需求,来设定软文的标题。这样可以更精准地达到网络营销的预期效果。

　　假设你是做花卉销售的,那么你可以这样为软文命名:以适宜养植为主题,可以命名为《当心!这些植物卧室不要放》;以挑选为主题,可以命名为《养花达人支招,什么花都能养得活》;以购买为主题,可以命名为《南京市内十大精品花卉店》(你要在这"十大"之中);以后期养护为主题,可以命名为《栀子花杀手，全是不懂浇水惹的祸》。这样，你的软文标题才能符合你所设定的目标消费群体最关心的问题，从而大大提升软文的吸引力和营销力。

为软文取一个新闻式标题

　　就整篇软文而言，标题就像它的一张脸。软文是否具有足够的吸引力，很多时候全靠它了。仅仅吸引大家的目光是不够的，标题还应该让读者心动，并产生"我"想看看的欲望。

　　每个人都有一颗好奇心。对于那些爆炸性新闻，大家总是保持着相当高的兴趣。因此，从这个角度出发，在策划和撰写软文标题时，写得新闻味道十足，往往可以起到很好的爆炸性传播效果，甚至有可能因而使你的产品成为大街小巷谈论的焦点，形成口碑传播。

　　大卫·奥格威曾说，具有新闻性的标题比没有新闻性的标题，会多出22％的人记住它。为什么大家更愿意接受新闻式标题呢？这是因为新闻式标题以报告事实为主，是对事实的一种动态表述，一般对事物发展过程不作详述。

　　为软文取一个新闻式标题，意味着把广告信息当作新闻处理。因此，标题往往采用富有新闻意味的词句来表述宣传内容，直截了当地告诉消费者新近发生的一些事实。这样读者看起来，会感觉这个标题有相当的可信度，不会认为这则消息是在乱扯。

图4-3 新浪网新闻频道截图（部分）

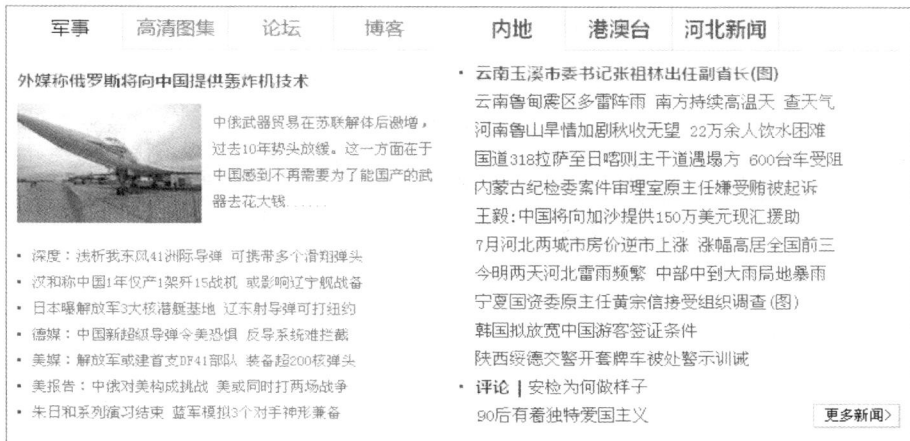

| 军事 | 高清图集 | 论坛 | 博客 | | 内地 | 港澳台 | 河北新闻 |

外媒称俄罗斯将向中国提供轰炸机技术

中俄武器贸易在苏联解体后激增，过去10年势头放缓。这一方面在于中国感到不再需要为了能国产的武器去花大钱……

- 深度：浅析我东风41洲际导弹 可携带多个滑翔弹头
- 汉和称中国1年仅产1架歼15战机 或影响辽宁舰战备
- 日本曝解放军3大核潜艇基地 近程射导弹可打纽约
- 德媒：中国新超级导弹令美恐惧 反导系统难拦截
- 美媒：解放军或建首支DF41部队 装备超200枚弹头
- 美报告：中俄对美构成挑战 美或同时打两场战争
- 朱日和系列演习结束 蓝军模拟3个对手神形兼备

- 云南玉溪市委书记张祖林出任副省长(图)
- 云南鲁甸震区多雷阵雨 南方持续高温天 查天气
- 河南鲁山旱情加剧秋收无望 22万余人饮水困难
- 国道318拉萨至日喀则主干道遇塌方 600台车受阻
- 内蒙古纪检委案件审理室原主任嫖受贿被起诉
- 王毅：中国将向加沙提供150万美元现汇援助
- 7月河北两城市房价逆市上涨 涨幅高居全国前三
- 今明两天河北雷雨频繁 中部中到大雨局地暴雨
- 宁夏国资委原主任黄宗信接受组织调查(图)
- 韩国拟放宽中国游客签证条件
- 陕西绥德交警开套牌车被处警示训诫

评论 | 安检为何做样子
90后有着独特爱国主义

更多新闻 ›

图4-4 《人民日报》1版截图（部分）

鲁甸地震致重大伤亡

抢险救援、物资调运等紧张进行

本报昆明8月3日电 （记者张帆、徐元锋、杨文明、潘跃）据国家地震台网测定，北京时间8月3日16时30分，在云南省昭通市鲁甸县（北纬27.1度，东经103.3度）发生6.5级地震，震源深度约12公里。截至记者发稿时，地震已导致367人死亡。

记者从云南省昭通市、鲁甸县相关部门获悉，通往震中区域的龙头山镇有很多房屋受损，从县城通往该镇的道路曾发生走泥石流，交通一定程度受阻，手机通讯也受到很大影响。地震发生后，云南省迅速启动二级响应，随后调整为一级响应，省长李纪恒、省委书记秦光荣先后赶赴震区指导抗震救灾。云南省军区、十四集团军、公安消防、武警、边防等五支队伍共有4000多人赶赴灾区抗震救灾，还有600多人的应急力量参加救援。云南

省共有11支专家医疗队，120多人赶往灾区。

虽然灾情严重，但记者发现，龙头山镇的很多群众已经行动起来，收集、整理物资，配合救援人员的工作。目前，在救援人员的帮助下，村民已经利用帐篷在空地上建起了临时医疗点，对受伤人员进行救治。

针对地震灾害，国家减灾委、民政部紧急启动国家救灾应急响应。云南省减灾委、民政厅向鲁甸县调拨2000顶帐篷、500件彩条布、3000套折叠床、3000床棉被、3000件棉衣等救灾物资。云南省红十字会向灾区调运棉被毛毯各500床、帐篷100顶。中国红十字会也调拨2000床棉被、2000件夹克衫及200顶帐篷等。香港、澳门红十字会等也支援灾区救灾家庭包。

（相关报道见第九版）

下图：8月3日，武警官兵在云南鲁甸县援救伤员。
张广玉摄（新华社发）

■今日谈

云南鲁甸遭遇6.5级地震，致重大伤亡；江苏昆山特别重大爆炸事故，造成70余人遇难、近200人受伤；高雄严重燃气爆炸，27人死亡，284人受伤。这几天，多名同胞生命的骤然消逝，令人痛心。

灾难发生，从中央到地方到社会各界，以生命的名义迅速行动起来，"把救人放在第一位""努力减少人员伤亡""强化安全生产责任制"……中央领导第一时间作出指示、批示；联合工作组、多路救援力量迅速直抵云南震区；昆山等地市民排队为爆炸伤者踊跃献血……这一刻，不管是在北京、鲁甸还是昆山，所有人的心联结在一起，"生命至上"成为共振的旋律。

如此多生命的逝去，也再次警示我们：平安是最基本的公共产品，如果没有生命安全，一切发展都将丧失意义。"墨菲法则"表明，如果事情有变坏的可能，不管可能性多小，最坏的结果一定会发生。唯有把生命至上的理念贯穿到日常每一个环节，投入更多的安全成本来排除一切"变坏的可能"，提高防灾减灾能力，我们才能把损失与痛苦降到最低。

把『生命至上』写在日历中

李浩燃

从上面的两张截图来看，新闻式标题具有多样性。新闻式标题，在互联网上多是单一式结构的；在传统纸媒上则既可以是单一式结构的，也可以是复合式结构的——往往通过主题、引题、副题（可以同时具有引题和副题，也可以是只有其中一种的配合）报告新闻的内容，指明其性质和意义的。

在为软文取新闻式标题时，我们一定要结合实际，不要想着利用迷惑的方式撰写吸引人的标题，贪图一时的点击率，而没有同样"给力"的内容作为支撑。如果文不对题，将会产生相当大的负面效应。

以新闻式标题作为软文标题，多用于介绍新上市的产品或企业的新举措，比如发生了兼并、融资、管理层大幅度变动等，其目的在于引起大众关心进而转读正文。

比如，美容品牌阿玛尼的广告标题"乔治·阿玛尼全线登陆中国"，其所传达的信息是：在护肤、彩妆等领域高居金字塔顶端的专业美容品牌已经来到中国，敬请关注。这样的软文式标题就颇具新闻性。

拿来即用的20种软文标题模板

制作标题，要遵循以下三点：

一简练，能用最少的字清楚表达文章的全部内容；

二准确，能恰当、全面概括文章的主体思想；

三传神，能做到文采斐然、韵味十足、意味深长，让人一见欲罢不能。

基本上，所有模式的标题都要遵循这三项基本原则。下面我们就按照这三点为大家举例如何制作标题。

宣事式标题

如实讲明广告正文的要点，使人一目了然，比如《企业网络营销项目运营全纪实》《何润东点评央视3·15后缀"8点20"引发争议》。

新闻式标题

直截了当地告诉潜在消费者新近发生的一些事实，目的在于引起大众关心。它比宣事式标题更新闻化，比如《建鹏机构与新希望公司达成网络营销顾问服务合作》。

数字式标题

主要起总结和提示作用，这种标题也很容易引起大家的注意，比如《101个增加反链接的方法》《软文营销的十大优势》。

方案式标题

针对消费者的常见问题，提供相应的问题解决方案，比如"如何制作一个和我一模一样的网站""让销售业绩迅速提升三倍的九种方法"。

提问式标题

提出一个问题，如果读者恰好也想知道答案，往往就会点进来看，比如《目前淘宝网最好的减肥产品是什么？》《如何让您的关键词出现在百度搜索结果的左侧？》

警告式标题

这种标题放大了读者的好奇心理，有时候能收到意想不到的效果，尤其是否定式的，比如"这六种水千万不能喝""请不要在睡觉前阅读，否则将失眠"。

特定式标题

指明特定的受众，来吸引特定人群及其他人群，比如《家里有喵星人的同志们注意了》《B型血摩羯座的男孩性情特性》。

夸张式标题

也叫吹法螺式标题，只要有需要，就可以适当地夸大，只要不把牛皮吹破就可以，比如《史上卖得最猖獗、N次断货的女装》《北京万人争抢食盐》。

攀附式标题

只要能沾上边的、能挂靠的，明星、热点、网络流行语等一个都不放过，比如《李冰冰最喜爱的几款包包》《七剑下天山——评极速主销摄像头》《最爱iPhone6，你就是我的小呀小苹果》。

促销式标题

往往限定一个时间段，以激起大家的购买欲，比如《冬日保暖外衣天天6：00-7：00限时抢购》《双十一千元大奖等你拿》。

悬念式标题

人的猎奇心是很难满足的，因此在标题上不直接说明，而是留个悬念，往往同样可以吸引人点击，比如《看了这张图，保你一生不懊悔》《天哪！章子怡竟然爱上"恐怖墨水装"》。

资源式标题

以这类标题命名的软文比较常见，也比较实用。这类软文虽然不一定引起人们的广泛兴趣，但比较容易被转载，比如《大学生找工作最实用的10个网站》《一生不得不去的百大美得不像话的地方》。

号召式标题

在标题中带有鼓动性、煽动性的词句，号召人们从速作出行动决定，比如《买光超市的王老吉，上一罐买一罐》《谁想要最后一个和金秀贤见面的机会》。

颂扬式标题

这类标题主要从消费者的角度来写，多以评论的方式出现，切忌过于夸大，比如《买了这台车，我的小伙伴们都惊呆了》《帅到爆！超赞外套遭疯抢》。

揭秘式标题

人们都对别人、别的行业等自己不了解的事情有好奇心，我们就可以利用这种心理以揭秘为噱头，比如《揭秘网络营销培训的七宗罪》《知名整形医生曝行业内幕：1/4手术是为补救失败》。

结论式标题

就是对某一件事表达看法、发表意见或给出结论，比如《印度减肥靠手术，顾问表担忧》《经常拉肚子或为癌症信号，四种肿瘤腹泻症状明显》。

逆向思维式标题

这种标题常常跳脱出正向的思维逻辑，从反面出发，同样能够取得正向思维式标题的影响力，比如《吃一堑未必长一智》《饥饿减肥法对健康无益》。

故事式标题

这种软文的标题像在讲故事，通过标题，读者就已经大概了解了这篇软文的基本内容，比如《我和一个采茶女的邂逅》《一只狮子引发的一场离婚案》。

建议式标题

我们在看新闻的时候，往往会听到这样的内容：某某品牌提醒您对时。这种建议式标题能够在很大程度上降低软文的广告性，比如《露露建议：冬天要喝热露露》《美乐家建议您从现在开始重视健康》。

利益式标题

在这个时代，免费已经成为了一种重要的营销模式，带有"免费"字眼的东西总是能够吸引人的眼球，比如《注册会员，免费获赠万达电影票一张》《100％免费赠送国际品牌化妆品试用装》。

第五章 营销软文的写作

软文写作的水平高低直接决定软文营销能否达到预期的效果。每个种类的软文，比如新闻型软文、故事型软文、经验分享型软文等，都有其自身的特点和写作技巧。软文绝不是一篇普通文章，不是简单的文字或者材料堆砌，而要在运用文字语言和各种素材的基础上巧妙地将产品信息植入其中。否则，软文写不好，不仅收不到效果，反而会带来负面影响。

本章关键词：

软文正文　品牌故事　广告植入

正文写作的基本要求

现在，企业无论是通过推广树立品牌形象，还是进行搜索引擎优化，无论是企业的品牌推介扩展知名度，还是对准于外链而开展的搜索引擎优化，软文都已经成了营销的一个重要着力点。无论对哪个营销团队来说，好的软文总是弥足珍贵的。

为软文确立了主题、选择了标题，接下来就要围绕主题和标题展开文章，撰写软文的主体部分——内文。从最基本的层面上来讲，软文的内文要做到"雁过无痕"的境界，或者几乎完全让人看不出广告的痕迹。另外，你必须始终明白的重要一点是，软文是给受众看的。只要能够满足了受众的需求，就不怕没机会扩散出去。在选材、推介、谋篇布局的时候，一定要站在消费者的角度。这样才更容易形成口碑效应，使信息不断扩散。

除此之外，你还应该注意软文每个组成部分的安排，并且注意软文的行文方式。

图5-1 软文内文的写作要求

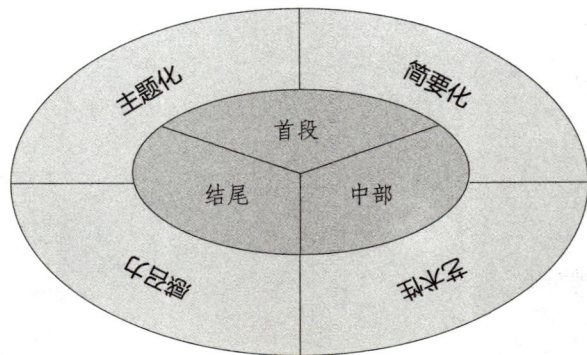

软文结构上的写作要求

一篇软文的首段至关重要，一定要达到吸引人的效果。首段要点明主题，让读者在读完首段就能掌握你想要表达的核心主题。比如，经验分享型软文，就可以在首段写明"以下就是笔者根据实战经验总结出的十条搜索引擎优化心得"。

段落之间的层次要清楚。软文一般只有800字到1500字。你需要在这样的小篇幅里讲清所有的内容，而且都必须围绕核心话题来开展。这要求软文每一段的叙述要彼此有联系，构成一个整体。篇幅小，信息量大，这才是软文所需要达到的成效。

在文末的地方，不要简单地一笔带过，形式空泛或呆板，这样会给人以虎头蛇尾之感，会降低整篇文章给读者的记忆。如何结尾，前面已经讲过，在此不再赘述。

软文内容上的写作要求

要写好软文的正文，除了要熟悉产品的性能、了解消费者的心理、研究市场变化趋向，还要注意以下几点。

◎主题化

主题是一则广告的中心意思。一篇软文，只能有一个主题，切忌杂乱无章，横生枝节，或者为了充字数胡乱堆砌资料，以免显得主题不突出。如果要反映出一个主题的多个方面，可以采用添加小标题的方式，分段叙说，以使软文井然有序，条理清楚。

◎简要化

我们都看过电视广告，好的广告都没有废话，而且往往用字简练，富有节奏感。软文也应如此，不能废话连篇。当然，在软文中，我们必须保证故事讲述、素材使用的完整性，同时要避免过于冗长，去掉那些可有可无、无关紧要的内容。

在语言上，新闻型软文要尽量使用书面用语，故事型软文则要尽量口语化；不要使用太抽象、太空泛的语句，比如"物美价廉""品质优异"，要尽量使用数字或者准确的语言。在文字上，必须避免出现错别字，以免理解有误，造成损失。

◎艺术性

软文也是一种文章，因此也要适当运用文学艺术创造手法，注意文字方面的文学性、艺术性。软文的文字尽量要做到活泼、别致和形象，使软文富有人情味，使读者觉得亲切，乐于阅读，从而加强记忆和联想。

在具体的方式上，软文的创作可以借鉴报道、理论、散文、记叙、论述、喜剧等诸多文学形式。这样更能增强软文的阅读性、吸引读者的注意力。

◎感召力

撰写和发布软文，最终的目的是通过告之产品或企业信息，使产品或企业在消费者心中树立良好的形象，激发其购买行为。

因此，软文必须像硬广那样有感召力。当然，软文的感召力是以高质量的产品、优秀的企业文化等为基础保障的。但所谓"酒香也怕巷子深"，要获得广大消费者信赖，还需要采用各种方式方法来加强其效果。

比如，在软文中，我们可以通过社会名流推荐、普通消费者采访、权威部门认证等方式加以证实。这样更易于引导消费者付诸行动。

不同类型软文的写作要点

"软文"这两个字之中包含着很多内容。比如，软文有若干种，相应地，不同类型的软文就有着不同的操作方式、写作方法。我们在写作软文的时候就应该对号入座，根据自己想推广的主题，选择与之相契合的软文类型。这样才更容易获得好的推广效果。

前面我们列举了不同类型软文的特色。在众多的软文类型中，有一些是比较常见的类型，比如新闻型软文、故事型软文、恐吓型软文、促销型软文、名人型软文、访谈型软文、经验分享型软文和归纳总结型软文等。下面我们主要了解一下这几种类型软文的写作要点。

新闻型软文

我们平常在报纸、杂志、新浪和网易等门户网站上都能看到各类新闻，其中，有许多新闻稿就是以推广某个品牌为主题的。这就是说，新闻型软文有两种类型：一是真正的新闻，以社会热点为主要内容。二是产品软文，比如保健品行业科普新闻，这类软文的内容都是围绕产品展开的。

属于真正的新闻的软文，主要讲述企业、品牌最近发生了什么事情，而且大多为正面的报道，比如荣获了某某荣誉称号、通过了某某质量体系认证等。这类软文在写作时，必须严格使用新闻语言，必须保证一切属实，不得弄虚作假，否则会引起负面效应。另外，这类新闻必须具有即时性，不得变成"旧闻""炒冷饭"。

介绍产品的软文，在写作时，更多地要介绍与产品相关的科普知识，间接地、隐性地在文章中推出产品。一般地，这种软文可以写成科学发现、研究分析和调研报告的形式。

故事型软文

故事型软文是许多企业惯用的软文写作方式之一。在文章中，你需要借助一段或者感人，或者搞笑，或者夸张的故事，将产品结合在故事的高潮之处，使之成为故事必不可少的线索之一，以强化产品营销效果。

在讲故事的同时，我们要在文章中自然而然地将产品的基本信息或使用方法讲述给消费者。对于故事，我们要尽量使其具有知识性、趣味性，并且符合客观现实。不合理的故事会让整篇文章缺乏说服力。

恐吓型软文

恐吓型软文属于反情感式诉求，通过恐吓的方式直击消费者的软肋，来达到产品的销售目的。这类软文多用于医疗疾病方面。恐吓型软文最大的特点是语不惊人死不休，一定要击中对方的痛处，比如《天啊，骨质增生害死人！》。

为了达到这个效果，你需要使用一些强有力的事实或数据来支撑你的观点。比如，如果想强调软文营销的效果，不能只是说软文营销能够帮助进行搜索引擎优化，可以说有90%的企业都采取了软文营销策略，某某公司进行了软文营销之后，销量增加了多少个百分点，如果再不跟上步伐，你就"out"了。

促销型软文

现在，每逢节假日，比如五一、中秋节、十一、双十一等，商家就会竞赛一样地开展各种营销推广活动，促销型软文则成了钻石小鸟、京东商城等商家的营销法宝。

图5-2 钻石小鸟的营销软文截图

钻石小鸟五一结婚季，男神与女神在一起

来源:钻石小鸟　发布时间:2014-04-28 14:46

一年一度的五一小长假即将到来，温暖五月气候宜人是准新人们结婚的好时节，什么都教授什么千颂伊都得靠边，何必迷恋那个远在星星上的"你"，实实在在的幸福人生属于每对相爱的人，在彼此的世界成为对方的男神与女神。钻石小鸟也为准新人们准备了超大力度的优惠和惊喜。

本次精选推出了心动系列结婚套装，每一款都为准新人量身定制。另有多款热销的裸钻推荐，性价比是最大的吸引力。

除了超值的产品以外，本次五一活动的买赠活动也非常丰富。凡活动期间在钻石小鸟官网下单即可尊享钻石小鸟3倍积分，这是从来有过的积分力度。全国12家体验中心也不甘落后，在活动期间指定类型产品每满5000元赠300元优惠券或者大礼包一份。最为抢眼的莫过于参与钻石小鸟微博互动，晒恩爱图便可以获得半克拉求婚套装。

还等什么，准新人们赶快行动起来吧。

企业软文营销

在促销型软文中，大多会直接叙述促销活动的内容，比如哪些产品在促销之列、该产品提供哪种折扣、此次促销活动的截止时间以及如何参与此次促销活动等。有时候，软文还会把促销的产品写成供不应求，以勾起大家的适买心理。

名人型软文

这类软文主要借助名人、名事以及新科技新发现等元素来吸引消费者的注意力。

这样的软文就可以利用明星的知名度来达到宣传和销售产品的目的。在写这类软文的时候，我们不能仅仅将目光聚焦在产品的宣传上，我们更应该在其中加入知识，比如保健知识、科普知识等，一方面用以增加软文的可信度，另一方面可以提升软文的含金量。否则，一味地吹嘘产品如何之好，消费者是不会买账的。

访谈型软文

通过访谈，可以全方位地介绍企业、宣传品牌。一般来说，访谈型软文要从记者的角度操作，可采访高管，也可采访员工，还可采访品牌。比如，腾讯科技对京东商城创始人刘强东的专访《京东的"修炼"：平台发力文化重塑》一文，会在无形之中提升京东商城的行业影响力和品牌知名度。

当然，操作这类软文，要求被采访对象有一定的高度、知名度和影响力，而且在叙述上一定要客观公正、实事求是。否则，软文很可能会变成"王婆卖瓜——自卖自夸"。

经验分享型软文

这类软文其实是打着经验分享的旗号进行软文写作，然后把产品广告植入其中，瘦身产品、化妆品、保健品等大多采用这个路数进行推广。

经验分享型软文，大多是"第一人称现身说法式"的软文，比如《我产后如何做到减肥48斤》《最简单有效的两种博客推广方法浅谈》《怎样做才能让蜘蛛喜欢自己的网站》等。

文章会告诉大家自己遇到的问题、使用各类产品的过程、产品的功效以及自己的经验总结，并在其中巧妙地为产品打广告。有时候，为了表明真实性、增加说服力，文章还会附上照片。

归纳总结型软文

类似的软文有很多，比如《壁纸十大品牌榜中榜》《河北十大最受欢迎的旅游景点》等。这类软文因具有一定的权威性，因此读者的认受度相对较高。在这"十大"之中，一定要有你自己或你的企业。这样才能借行业领头羊的光，提升自己的名气。需要注意的是，一定要遵循客观事实，不可盲目夸赞和生搬硬套。

抓住情感王牌

"有没有那么一首歌，你唱着唱着就哭了。有没有那么一个人，你想着想着就忘了。有没有那么一段记忆，我们尝试了很久，终究还是无法假装很轻松。我爱你，原来终究抵不过一个淘宝，两个旺旺的距离。"这段话是网文《我爱你只是隔了两个旺旺的距离》的题记。

文章以一则分手的故事开篇：她失恋在家，蜗居不出。生日时，她在淘宝小店订了蛋糕。打开快递员送来的盒子，她发现那并不是她订的蛋糕。这时，旺旺响了，一个陌生人问她是否收到了蛋糕。接着手机响起，是前男友打来的电话。原来他看到了她在淘宝店上留的电话，便在网上为她订了蛋糕。而且他知道两个人竟然只隔了一层楼，于是通过旺旺重新联系到了她。

她吹灭蜡烛，一点一点吃着蛋糕，突然咬到了一个硬硬的东西，竟然是她以前拍下但缺货的戒指。这时候，手机又响了。前男友让她开一下门。门开了，她看到前男友正捧着一束花站在面前。

人们感动在这份美好的爱情之中，并没有发现其实这是一篇融入了爱情故事、针对阿里旺旺的软文。全文围绕阿里旺旺展开，温馨而感人，让读者们不知不觉中了阿里旺旺的"毒"。

营销大师菲利浦·科特勒将消费者的行为分为三个阶段：一是量的消费阶段，即追求买得到和买得起的产品；二是质的消费阶段，即追求有特色、质量好、货真价实的产品；三是感性消费阶段，即以个人喜好作为购买决策标准，注重消费体验，更重视产品的情感价值，因此感性消费也可以称为情绪情感消费。特别是在产品同质化的今天，感性消费更成了众多企业的制胜法宝。

因此，情感也成了软文的重要素材之一。在情感表达上，软文的信息传递量大、针对性强，甚至可以起到让人心灵相通的作用。情感也成了软文容易打动人的重要特色，情感使得软文更容易走进消费者的内心，成为软文营销屡试不爽的灵丹妙药。

将情感诉求导入软文营销，同时也是一种符合国情的明智之举。中国历来是一个富有人情味的国家，讲求"慈母手中线，游子身上衣"的亲情，讲求"海内存知己，天涯若比邻"的友情，讲求"在天愿作比翼鸟，在地愿为连理枝"的爱情。这是中国人的普遍心理需求和情感诉求。抓住这种情感诉求，导入软文，让情感诉求成为广告信息的重要组成部分，无疑会解除消费者对广告的心理防线，使其接受软文所要传递的广告信息。

从企业的角度来说，将情感诉求导入软文营销，可以帮助企业建立良好的企业形象，表现出企业对消费者的人文关怀。之所以要强调人文关怀，是因为文章是给人看的，不是给机器看的，自然离不开人性化；而且文章是人写的，在写作的过程中，软文作者往往会融入自己的思想和情感。

表5-3 软文植入的情感因素

因素	说明
与他人的情感	以人类最基本、最重要的情感——亲情、友情、爱情为主，借以营造出温暖人心的氛围，勾起回忆，引发联想，激起共鸣
情绪	情绪是情感的外在表现，是真情实感的外在流露，包括高兴、愤怒、忧伤、思虑、悲伤、恐惧等

因素	说明
价值观	通过传导积极的个人观、价值观，激励消费者，从而加深消费者对品牌的印象，提升品牌周知性和美誉度
博爱之心	以爱国之情、民族大义、公益情感为主，大多与事实相结合，比如奥运会、世界杯、博览会等，这样往往能够引起消费者注意，借机宣传，增强消费者对品牌的识别度
其他	回忆、个性、自由、健康等方面的内容也可以作为情感因素融入软文写作之中，这些因素大多可以激发人们内心对某件事情的共鸣

那么，如何在软文中巧妙地融入以上种种情感因素呢？

首先，要对产品、理念、价值观等因素进行深度挖掘。有时候，产品本身是可以直接与情感因素相关联的。比如，椰岛鹿龟酒，针对的消费群是父亲，因此也称为"父亲的补酒"；软文《老公，烟戒不了就洗洗肺吧！》中对丈夫们的关心，是清华清茶攻城略地的有力武器；绿力胶囊以"爸爸的礼，妈妈的礼，就是没有我的礼"为切入点，瞄准了孩子市场。这种与情感因素的对接，往往可以获得消费者的认同。

其次，根据情感因素定位目标消费群。在情感攻略方面，软文中的情感一定要和目标消费者的情感需求挂钩，与其价值观相符。这就需要我们细分、研究消费者群体，并根据其群体特征，采取有针对性的营销策略。

发挥品牌故事的感染力

前面，我们提到，喜欢听故事是人们的一种天性。《故事会》《知音》等刊物的流行，显然和它们以讲故事为主是分不开的。家庭故事温暖人心，爱情故事传递浪漫，英雄故事激发斗志，品牌故事则可以凭借其独特的软度以及对产品品牌的深度挖掘成就品牌营销。

营销大师爱玛·赫伊拉的"不要卖牛排，要卖吱吱声"这句名言一直流行于营销界。很多时候，营销就是卖故事。一个优秀的品牌故事，比一车皮的硬广告更能让人们记住产品，记住企业。在企业界，优秀品牌故事不胜枚举，比如，海尔砸冰箱的故事、可口可乐的"7X"特殊物质保密措施、马云的"十八罗汉"团队创业史。

没有品牌故事，品牌很难树立起来。没有故事的品牌，是平庸的品牌，甚至无法称之为名牌，它不过是一个符号、几个汉字，因为你无法让消费者对你产生遐想，无法让大家知道你的独特之处。

下面，我们通过一则案例来看一下品牌故事是如何影响消费者的。

某日，《北京晚报》打出一则通栏广告：富亚公司即将开展"真猫真狗喝涂料"活动，以证明涂料无毒无害。那时，公司在北京名不见经传。广告一出，即引起轩然大波。动物保护协会致电阻止无效。

是日，该公司在场馆前挂起了"真猫真狗喝涂料富亚涂料安全大检验"的横幅，还特地请来了公证员。小猫小狗也准备就绪。现场挤满了动物保护协会志愿人员、媒体记者及广大群众。公司总经理告诉大家：该公司的产品经检验证明无毒。之所以开展这次活动，是想请大家做一个见证。

台下众人纷纷呼吁"不要残害动物"，甚至有人拉起了"请不要虐待动物，孩子们看了怎样想"的标语。总经理见此，左右为难，犹豫再三，最后大义凛然地宣布改为亲自喝，然后在公证员的监督下，倒了半杯涂料，兑了点矿泉水，在众人惊异的目光中喝了下去。

事情并未就此结束。当天，新华社播发了一篇名为《为做无毒广告，经理竟喝涂料》的通稿。前前后后，竟然有200多家媒体跟风报道或转载了这则消息。

好的品牌必定有着传奇的故事。"老板喝涂料"的故事堪称经典的营销策划案例，而且做得不露痕迹，使广大潜在消费者和新闻媒体都坠入了策划者的"圈套"。而该公司也借此顺利打开了市场，树立了品牌形象。

我们总是在讲品牌营销，很多时候看起来很丰满，但发挥出来的效果却很骨感。一味地吹嘘，只会破坏人们对品牌的印象，因为企业在做营销的时候会出于某种原因表现得过于直白、过于夸大。高质量的软文营销能够让品牌故事在无形之中发挥营销威力。软文往往借助于产品独有的魅力、独特的文化，而将品牌营销贯穿其中，让一切显得自然而然。因此，软文才能让消费者在理解企业理念和想法的同时，对产品产生好感，信赖产品，并在需要的时候购买产品。

并不是只有大品牌有其自身发展和奋斗的历史与坎坷，对于小企业来说，也不乏故事。它们所缺少的只是适当的描述和与目标消费者之间的联系。小企业在创立之初，也有其目标与追求。如果你能够将品牌价值讲给他们听，让他们不由自主地成为故事中的一员，而不是路人甲乙丙丁，那么你的营销就能够发挥效力。

图5-4 品牌故事四要素

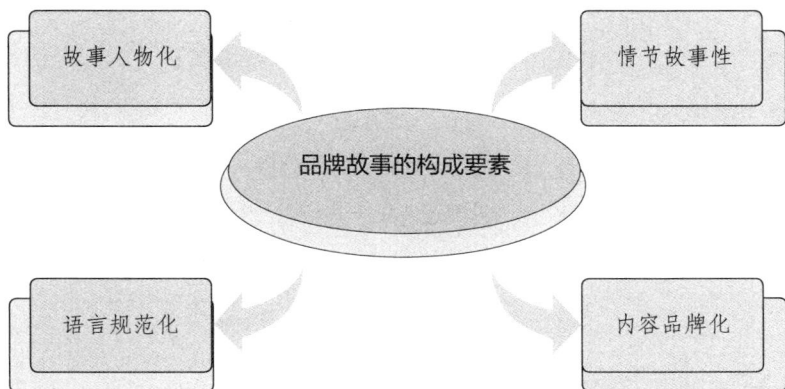

以某一人物为核心

品牌故事往往有一个核心，或者是企业创始人，比如史玉柱、陈欧，或者是一个团队，比如马云的"十八罗汉"，或者是一个理念、一件事情，比如脑白金。这个核心可以扮演故事中的英雄角色。英雄的故事总是容易让我们感动。而品牌故事则告诉目标消费者"英雄"存在对他们来说有什么样的价值，包括品牌的目的、企业的价值观和信仰等。

故事发展要有情节

故事总是由情节来支撑的。品牌故事也是故事，也应该像所有的故事一样，有开头，有高潮，有结局，并且要设计合理，注意铺垫。在写作软文之前，你需要利用这些要素，为品牌故事搭出一个框架，以便消费者通过这个故事可以相当准确地了解品牌。

融入品牌文化

品牌故事一定要能够演绎品牌广告语，传递品牌价值，承载品牌文化。仍然以上面富亚公司为例，该公司强调涂料无毒无害，这是他们的品牌广告

企业软文营销

语。整个策划过程都是围绕这个准则的，并且以实际行动践行了这条准则。

品牌故事的语言要规范

我们为了营销，有时候会在文字上"无所不用其极"，为了介绍品牌，总是尽可能地用上最华丽的辞藻，以为优美的语言可以打动消费者。其实大脑的记忆是有限的，那些曾经的美文，读过之后你能记得多少呢?

这不是说我们不能对品牌故事的语言进行修饰，而是在避免随意性的前提下，使用规范的语言，从客观、真实的角度进行描述。

将产品巧妙融入软文

我们写软文的目的很明确，那就是传递产品信息，这也是所有营销行为的共同目的。是否能够在软文中巧妙地传达产品信息，是决定一篇软文质量是否过关的重要因素之一。

现如今，在互联网上，各种广告满天飞。那种一眼就能够被看出是广告的软文，不是一篇好软文。一篇好软文，应该像是一个经验十足的导购员，可以把企业想对目标消费者说的话，用"软"的方式表达出来，在"导购"行为中介绍自己的产品，然后形成一种口碑、一种品牌的效应；如果发在网站，则可以带来更多的人气和点击量。

表5-5 软文的产品植入方式

策略	类型	说明
直接植入	新闻报道、个人专访、媒体评论等	直接对推广的产品或者企业进行描述或者评论，不需要隐藏广告；隐藏反而会有副作用
间接植入	以举例的方式植入产品信息	这种方式可以对产品或企业的相关信息做适当的展开，多用于教程、技术类的软文，比如《软文写作技巧：如何确定软文的关键词》
	借用第三者的身份植入产品信息	可以采用某专家、某网站、某机构讲述的内容。前提是保证引用内容的真实性。所引用的内容不要太长

策略	类型	说明
间接植入	以关键词的形式植入产品信息	这种植入方式虽然不会太多地融入产品信息，但因为多次提及关键词——产品、商标或者企业名称等，因此既能传达一种理念，又能顺利地被百度检索收录，比如软文《网络营销之如何写网络营销策划方案》中包括署名在内提及关键词"菜根谭"达9次
	以故事的形式植入产品信息	围绕植入的广告编故事，故事的内容以需要植入的广告为线索展开
	以版权信息的植入呈现产品信息	这种方式简单实用。只需在文章的最后加上版权信息即可，比如"原文登载于：菜根谭网络营销策划机构，菜根谭全球首发，欢迎转载，转载请提供出处"

以上我们列举了在软文中植入产品信息的基本方式。为了在软文中更好地传达产品信息，我们还应该做到以下三点。

产品信息流出要自然

如果不是直接植入型的软文，那么你就需要注意产品信息流出的方式。最好，软文的开头、正文和结尾三个部分都能够自然而然地流出产品信息。

开头是每个读者都会看的。因此，在开头自然地呈现出产品信息，那么软文的质量马上就体现出来了。不过，需要注意的是，在开头部分要尽量使用一些"托儿"，与产品有关的人和物都可以借用。

有时候，在文章一开头，并不适合植入产品信息，而需要着力打造一个有力的开头，那么在内容中就要合理地点出产品信息，比如介绍产品的一些优点，或未使用该产品前遇到的一些困难，然后再点出产品。

在软文的结尾处，也要适当地引出产品信息，但一笔带过即可，不能展开说明。

产品功能要形象化

赋予产品形象化的描述，才能让消费者与软文产生互动。

保健产品、美容产品往往使用这种策略。那些"抗氧化""温阳补肾""提升免疫力"等词汇，并不是所有人都搞得明白。这种停留在产品功能白描阶段的说明方式，其实是绵软无力的。

产品功能要形象化，是软文策划的核心。"洗肺""洗肠""洗血"等概念，都是将产品功能形象化的例子。木竭胶囊在上市时就曾经发表过一篇名为《8000万人骨里插刀》的软文，形象地指出了骨病人群的痛苦："骨病之痛苦，连患者亲友都不忍目睹，常见患病的人突然间倒吸几口冷气，牙缝间吱吱作响——骨刺又发作了！俗话说：得了骨病犹如骨里插刀……"这种形象化的描述，使消费者产生了强烈的共鸣。

产品介绍要通俗化

一篇好的软文，必须简单明了、通俗易懂，要考虑到绝大多数消费者的理解力。毕竟软文是给众多普通消费者看的。因此，软文在介绍产品时，尽量不要使用过于华丽的辞藻，行文用语要结合消费者的习惯，尽量生活化。

比如推广番茄红素的软文《中科番茄红素，一场"红色健康风暴"》，这样描述番茄红素清除氧自由基的强大能力："一个番茄红素分子在战斗中能敌过数千个敌人——氧自由基。"这种描述浅显易懂，便于消费者理解和记忆。

软文营销是一项创意工作

毫无疑问，软文营销是一项创意性的工作。没有创意的软文，绝不可能成功。有的人不知道何谓软文创意。

所谓软文创意，简单地理解就是软文从哪个角度写，怎样写软文更吸引人。创意其实就是功力，下面我总结出一些软文创意妙招，仔细研究一定会让你轻松下笔，思如泉涌。

第一，挖掘企业和产品的历史文化。任何企业都会有历史，即使刚刚成立的企业创始人也不是一蹴而就的，也一定有他自己的创业想法萌生、筹备、实施和落地的过程。这个过程对于当前来讲就是历史。比如，白酒企业都善于挖历史，用历史文化来美化自己，而且都见到了效果。茅台宣传茅台镇是黔北名镇，古有"川盐走贵州，秦商聚茅台"的繁华写照，茅台酒早在2000多年前就有了。这些品牌挖出来的历史如今已经成为消费者津津乐道的话题，也让这些酒类品牌深入人心。

第二，借助当下的热点事件。针对时下发生的、引起人们广泛关注的事件，写进软文，增加软文的影响力。可以是社会热点，也可以是新闻事件，但是必须从正面去创意。蒙牛借神五东风，李宁借2008北京奥运东风，都取得了辉煌的成绩。

第三，讲故事。讲故事是人类最新鲜也最容易受到欢迎的信息接受方式，故事性的软文能让读者记忆更深刻，能够拉近与读者的距离，让读者不自觉中产生消费行为。海尔张瑞敏砸冰箱、茅台海外参展摔酒瓶的故事至今仍为人们津津乐道，这些故事为企业带来的卓越品牌传播贡献也是毫无争议的。还有如"1.2亿买不走的秘方"、"神奇的植物胰岛素"、"印第安人的秘密"等经典软文故事。

第四，找案例。以减肥产品为例，假设你要说这个产品有多好，对消费者身体健康无任何损害，减肥的效果有多好，举几个典型的案例比你说一大堆形容词更容易让人接受。找案例，一要注意案例的代表性，二要注意案例的适量性。案例没有代表性会显得苍白，案例太多又会显得啰嗦，也容易让读者觉得是在夸夸其谈。

第五，与对手作比较，突出自身优势。在软文创意方面就是向对手学习，研究相同或者近似产品或者服务的特点，找到自己的优势。特别是自己的产品和服务有明显优势的时候，从这个角度去创意软文的效果会很好。

第六，利用名人效应。名人是社会公众比较熟悉和喜欢关注的群体，人们能够通过各种媒体不断地获取名人的相关信息。也正是因为这种名人本身的影响力，名人在其出现的时候往往能够达到事态扩大、影响加强的效果，这就是名人效应。

第七，用真情打动读者。用动真情这种方法去创意软文，首先这种感情要能打动你自己，千万不能不痛不痒，让人感觉是无病呻吟。需要特别说明的是，这类软文写作中不是为情感而情感，而是要诉诸受体的情感，以情动人，使读者受到情绪的感染，从而达成软文行动目标。

第八，反其道而行之。实际就是逆向思维，对司空见惯的、已成定论的事物或观点反过来思考。要敢于"反其道而思之"，让思维向对立面的方向发展，从问题的相反面深入地进行探索，树立新思想，创立新形象。

第九，大众评论总结。人都是有思想的，有表达欲望的，只是有人善于表达、有人不善于表达。软文营销用搞评论的方法去创意，是很容易实现的。像豆瓣读书上的评论，就经常被作为软文推送到微信公众平台。对于企业提供的产品或者服务，大多数都是老百姓能直接接触到的事物，对此都有或多或少的观点。将他们的评论和观点整合，文字上润色一下就是很不错的软文。

第六章 关键词在软文营销中的运用

如果软文中没有关键词，就像做菜没放盐一样，平淡无味，毫不出奇。从另外一个角度来说，软文要迎合搜索引擎。而搜索引擎在很大程度上是要依赖关键词的。因此软文要自然而合理地布局关键词，如此，发表一篇软文，才有可能对网站的权重有明显的贡献。如果软文被转帖，企业网站和相关关键词的排名都会有很大程度的提高。

本章关键词：

关键词　长尾关键词　关键词工具　关键词植入

关键词真的很关键

关键词，源于英文"keywords"，本是图书馆学中的词汇，是指单个媒体在制作使用索引时所用到的词汇。现在，关键词多指希望访问者了解的产品、服务和企业等的具体名称用语。关键词搜索是网络搜索索引的主要方法之一。

通俗来说，关键词就是我们输入搜索框中的文字，也就是你命令搜索引擎寻找的相关信息。你可以命令搜索引擎寻找任何相关内容，关键词可以是人名、地名、网站、企业、新闻、小说、软件、游戏、星座、论文和视频等。

图6-1 关键词搜索示意图

软文之所以需要进行关键词优化，就是基于通过关键词搜索提高文章访问量和用户转化率的需要。为了便于理解，我们先来了解一下搜索引擎的基本运作原理。

图6-2 搜索引擎运作原理示意图

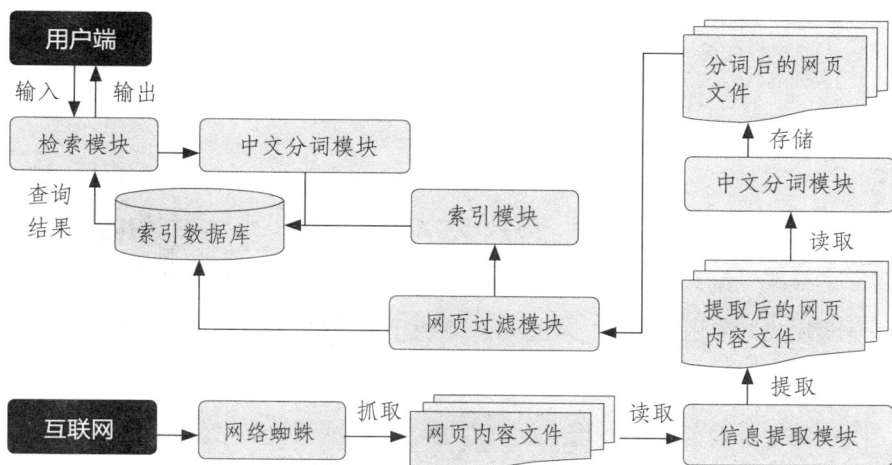

搜索引擎运作过程，从互联网的角度来说，是爬取、抓取、处理、排序和展现；从用户的角度来说，则是输入、搜索、输出。将两者连接在一起的就是关键词搜索。

大部分的互联网用户都是通过搜索关键词来查询和了解信息的。甚至可以说，关键词是一切搜索引擎优化的前提。关键词搜索会影响搜索结果的排名。搜索引擎会根据用户在浏览器中输入的内容进行排名。输入的关键词不同，搜索结果的排名展现也不同，比如，搜索"软文"和搜索"软文营销"，所展现的结果基本上会完全不同，即便一些内容有所重复，排名也肯定不一样。

便于潜在消费者搜索

关键词搜索是互联网用户查询信息、了解内容的重要途径。在软文中植入关键词，可以在一定程度上方便用户。用户在输入某个关键词的时候，你的软文就有可能被搜索到，因此也就有机会被用户阅读，从而使其发现你的产品，成为你的潜在消费者。

扩展产品知名度，提升网站访问量

在软文中，通常我们可以把关键词做一个锚文本，即把关键词做一个链接，指向别的网页，这种形式又称锚文本链接。这等于建立了文本关键词和URL唯一资源定位符链接的关系。这样一来，首先，如果用户浏览页面时觉得文章的内容不是非常有用，可以通过锚文本迅速而准确地找到自己需要的信息；其次，锚文本可以起到引导用户的作用，将潜在消费者通过超链接引导至网站或产品信息页。这样也可以强化用户体验。

减少推广费用

一些中小企业并没有相当的财力去做竞价排名。关键词优化就成了让众多潜在消费者找到自己的重要方法。通过关键词的设定和搜索，你可以让潜在消费者直接找到你，在提高网站知名度和访问量的基础上，这可以帮助你大大减少推广费用。

适合放置关键词的位置

做过搜索引擎的人都知道，在软文中加入关键词，有助于提升网站权重。但是，一定要注意，所加入关键词的量要适度。换句话说，我们要让关键词出现在最应该出现的位置。

在标题中放置关键词

标题是最适合放置关键词的位置之一。

写好软文的标题，让标题具有销售力，是网络营销的一个重要手段。一篇软文要想被搜索引擎收录，发挥销售力，其标题一般应包括关键词，最好包括相关的关键词，由此构成一个关键词组合。

比如，软文《电商传媒：营销3.0时代下企业软文标题撰写》的标题，既包括了主题关键词"软文标题撰写"，又含有分类关键词"营销"。这样往往可以降低搜索结果的数量，提高文章的搜索排名。标题在搜索引擎中露脸的机会也比单一的关键词多。

当然，在标题中放置关键词时，一定要注意语句通顺，不要为了加关键词而加关键词。而且软文标题中的关键词不可过多。因为关键词多了，权重便会分散。

在图片的alt标签中放置关键词

有些软文为了增强说服力或者美感，会随文附加图片。这些图片也可以成为关键词植入的工具。这种做法同样有利于搜索引擎对软文的抓取。alt标签在html语言中的基本写法为：<img src="图片路径"alt="图片描述"/>。

图6-3 alt标签中的关键词

```
<div class="header">
        <div class="top">
                <div class="logo"><a href="/"><img src="images/logo.gif" width="410"
height="41"  alt="除湿机,抽湿机,工业除湿机,上海除湿机"/></a></div>
                <div class="tel"><img src="images/top_tell.jpg" alt="上海湿克电器"/></div>
                <div class="top_links">
```

在具体操作时，你需要找到图片的链接内容，找到图片链接的html源代码地址，然后在图片地址后面跟上alt="图片描述"即可。其中"图片描述"为你可以设定的关键词。如果你是做小宝宝生日蛋糕的，那么你的"图片描述"就可以写为"蛋糕、生日蛋糕、小宝宝、宝宝生日、小宝宝生日蛋糕"。

在正文中体现关键词

在软文的段落中，关键词应该有所体现。一般，我们需要根据上下文的需要，在软文的段落中适当地加入关键词。

通常，关键词可以贯穿软文的始终，不仅可以放在正文之中，开头和结尾的部分也可以有所体现。当然，这种植入不能太显眼。

另外，在软文中提到其他文章的关键词时，可以为其添加链接，并指向该网页。这样做可以增加内链。

当然，以上这些位置都适合放置关键词，但需要注意的是，我们要在保证软文整体合理的前提下，合理地加上关键词，不要堆砌或硬往软文中加关键词，更不要试图在软文的每一段、每一句中都加关键词。否则，这种行为会被搜索引擎认为是过度优化。因此，从数量上来讲，可以根据用户的阅读习惯以及网站的性质等，选择在少数几个重要的位置加关键词。

可供选择使用的关键词类型

要做搜索引擎优化，就必须定义关键词。关键词的选择至关重要，关键词的精准与否决定了能否达到预期的营销效果。只有选择了合适的关键词，才能明确营销目标，才能让潜在消费者通过搜索引擎搜到软文，发现我们的产品或网站。

关键词需要企业根据自身情况和用户的搜索习惯、搜索意图来确定。不同的关键词，可以表示不同的软文类型，可以反映不同用户的搜索意图。那么对于企业来说，就可以从这两个角度出发去选择和设定关键词。

企业角度

从企业自身的角度来说，关键词可以体现出软文的导向，主要分为品牌类关键词、信息类关键词、交易类关键词和导航类关键词四类。

表6-4 从企业角度划分的关键词类型

类型	说明	举例
品牌类关键词	具有清晰的指向性。对企业来说，在软文中体现品牌名词是很有必要的	软文《企业如何选择网络营销服务公司》多次提及"菜根谭"
信息类关键词	关键词越具体，越有助于搜索到想要的信息。通常进行此类搜索的用户会在了解主关键词信息的基础上就某一个分类了解更加详细的信息	针对"网络营销"，用户们可能还想了解"网络营销机构"，甚至"北京网络营销机构"
交易类关键词	具有明确的目的性，就是要进行相关的交易，购买产品或者下载资料	网站建设完全手册、软文营销基本费用等

用户角度

根据用户的搜索习惯来选择适当的关键词，对软文关键词的优化是非常有必要的。这样可以迎合用户，提升搜索排名。

◎泛关键词

泛关键词，也可以称为导航型关键词，是基于行业名称、产品或者服务名称，具有广泛意义的关键词，比如网站、汽车、服装、图书、机械、瓷砖、培训等，当然还可以进行细分，从而派生出更多的泛关键词。

图6-5 天涯社区的泛关键词

```
<!DOCTYPE html PUBLIC "-//W3C//DTD XHTML 1.0 Transitional//EN" "http://www.w3.org/TR/xhtml
<html xmlns="http://www.w3.org/1999/xhtml">
<head>
<title>天涯社区_全球华人网上家园</title>
<meta http-equiv="Content-Type" content="text/html; charset=utf-8" />
<meta name="keywords" content="天涯,社区,论坛,博客,部落,城市,相册,空间" />
<meta name="description" content="天涯社区,以"全球最具影响力的论坛"闻名于世,并提供博客
茶舍、煮酒论史等高端人文论坛。这里诞生了最热的网络事件,最多的草根明星……" />
<meta property="qc:admins" content="2725366300611636" />
<meta name="chinaz-site-verification" content="52e3aabe-fe8e-42c8-bfd9-be99fe1c0e0d" />
```

泛关键词在互联网上的竞争比较激烈，缺乏精准性。因此，想用泛关键词优化软文，不太容易收到很好的效果。当然，泛关键词也不是完全不能用。

另外，我们还可以通过别名的方式来使用泛关键词，比如对同一件物品，南方和北方、本省和他省、内地和我国港台地区的称呼可能有所不同，比如电饭锅和电饭煲、玉米和苞米、博客和部落格等。这样同样可以让你的软文有别于他人。

◎长尾关键词

长尾关键词是泛关键词和厂商、品牌、产地、产品类别、产品特性、产品型号等组合出来的关键词。

比如，"服务"是一个泛关键词，"网络营销"是产品类别，两者组合之

后就可以得出一个长尾关键词"网络营销服务"，与产品特性组合之后还可以得出一个长尾关键词"网络营销服务机构"，再加上地名，可以得出一个长尾关键词"北京网络营销服务机构"，再加上品牌，又还可以得出一个长尾关键词"推一把北京网络营销服务机构"。

当然，匹配出来的长尾关键词的长短要适当，太短了不能保证搜索效果，太长了又会因为过于精准而影响搜索量。

◎核心关键词

每个企业、每个品牌都有自己的经营核心或者核心竞争力。有了经营核心、核心产品或者服务，我们就据此来确定核心关键词。核心关键词必须与核心产品相关，这样才能很快产生效益。

比如，网络营销类的软文，可以将关键词锁定为互动营销、网络推广、网络活动、网络营销等；财务软件方面的软文，可以选择财务软件解决方案、财务安全解决方案、全方位财务管理专家等核心关键词。

◎问题关键词

有30%～50%的互联网用户会通过问题的方式搜索，寻找问题的解决方法。因此，我们可以根据产品来挖掘相关的问题，找出问题关键词来抓住潜在消费者。

有时候，我们可以直接用问题作为软文的标题。假设你是做网络营销服务的，那么可以提这样一些问题：小企业应该怎么做网络营销？北京有哪家不错的网络营销机构？网络营销的十大基本策略有哪些？网络营销和传统营销有什么区别？搜索引擎优化应该怎么做……类似这样的问题我们可以列出很多。

◎借力关键词

借力关键词就是其他企业所使用的关键词。

在进行关键词定位时，我们可以借用某些品牌或者热门的关键词。比如，华润怡宝是"中国国家乒乓球队唯一指定饮料"，一品东方是"伦敦奥运会湖南代表团庆功宴唯一指定饮料"。这些都是借力的表现，当你这样定位之后，"指定饮料"这个关键词就成了你的标志。

其实，只要你精于设计，就可以巧妙地借力于各种网络资源，成功打造出属于自己的热门关键词。

高效利用免费关键词工具

我们都希望自己的软文能够被搜索引擎抓取，而且排名尽可能地靠前。这是搜索引擎优化所要追求的主要效果之一。要想知道你的关键词能否被搜索引擎抓取，优化的效果如何，就需要借助一些工具来分析。

现在这种关键词分析工具有很多，比如百度指数、谷歌关键词工具、金花关键词工具。一些网站，比如站长之家，也设计了关键词搜索与排名查询板块。根据这些工具，我们可以了解和分析关键词的搜索量、关注度和变化趋势，从而决定是否需要对选定的关键词进行修正和调整。

百度指数

图6-6 百度指数入口

图6-7 百度指数关键词搜索结果

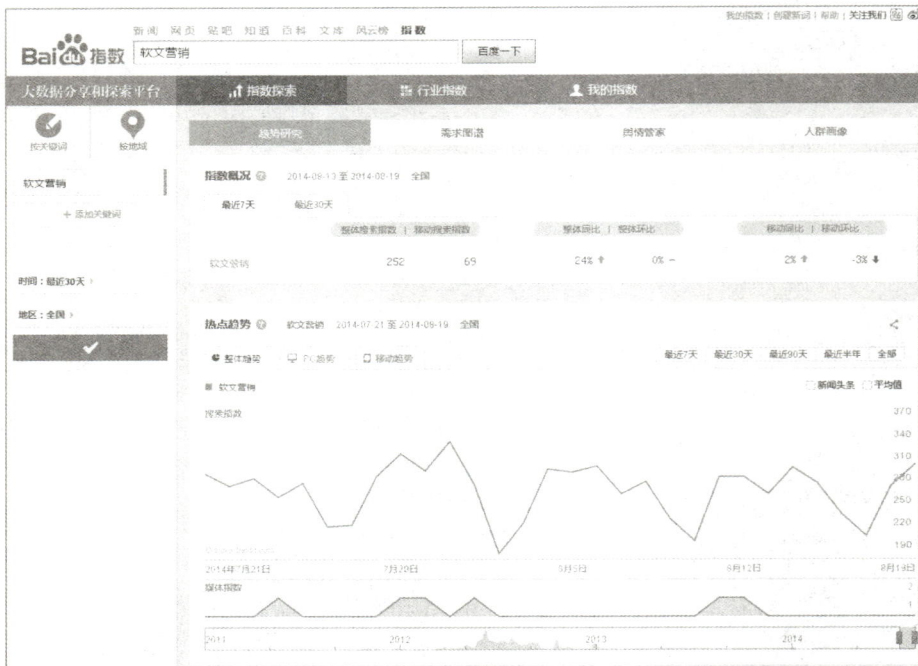

上面，我们以"软文营销"一词在百度指数进行了搜索。百度指数可以帮助我们清晰地看到"软文营销"这个关键词在搜索引擎上的使用情况。我们可以看到最近7天、30天、90天、半年的搜索波动情况。这可以反映出在最近一段时间该关键词在互联网上的被关注度，我们可以借此对选定的关键词进行优化。

此外，我们还可以通过"人群画像"板块在不同省区之间进行对比。这样我们就可以有针对性地根据用户的搜索习惯重点投放。

搜索栏

直接在搜索引擎中输入选定的关键词，查看搜索结果，是比较常用的判断关键词被关注度的有效方法之一。一般来说，搜索结果数越多，竞争热度越大；反之，竞争热度越小。下面，我们以关键词"软文营销"和"软文营销平台"为例来说明。

图6-8 以"软文营销"为关键词的搜索结果

软文营销

网页　新闻　贴吧　知道　音乐　图片　视频　地图　文库　更多»

百度为您找到相关结果约14,000,000个

图6-9 以"软文营销平台"为关键词的搜索结果

软文营销平台

网页　新闻　贴吧　知道　音乐　图片　视频　地图　文库　更多»

百度为您找到相关结果约1,820,000个

通常，搜索结果在50万以内，竞争热度小；搜索结果为50万～100万，竞争热度较小；搜索结果为100万～300万，竞争热度中等；搜索结果为300万～600万，竞争热度高；搜索结果在600万以上，竞争热度非常高。

在上面的搜索结果中，以"软文营销"为关键词的搜索结果为1400万，竞争热度相当高；而以"软文营销平台"为关键词的搜索结果为180万，竞争热度低了很多。通过搜索，我们可以避开竞争热度过大的关键词。

问题平台

如果我们的软文是问题型的，那么我们就可以借助一些问题平台，比如百度知道、soso问问、天涯问答、新浪爱问等。在这些平台上，我们可以找出和自己产品相关的问题关键词。

相关搜索

当我们在搜索框里输入关键词进行搜索的时候，在页面下面的板块中，我们可以看到很多搜索引擎推荐给我们的关键词。

图6-10 以"软文营销"为关键词的相关搜索结果

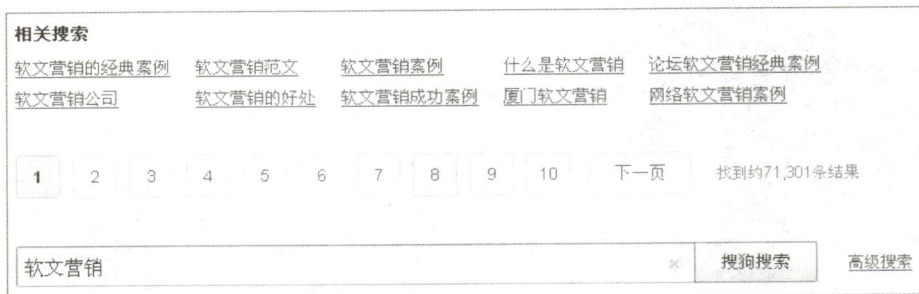

相关搜索

软文营销的经典案例　　软文营销范文　　软文营销案例　　什么是软文营销　　论坛软文营销经典案例
软文营销公司　　　　软文营销的好处　　软文营销成功案例　　厦门软文营销　　网络软文营销案例

| 1 | 2 | 3 | 4 | 5 | 6 | 7 | 8 | 9 | 10 | 下一页 | 找到约71,301个结果 |

软文营销　　　　　　　　　　　　　　　　　　　　　　　✕　　搜狗搜索　　高级搜索

在上图中，我们看到，当输入"软文营销"进行搜索时，会得到"软文营销的经典案例""软文营销范文""软文营销案例""软文营销公司""软文营销成功案例"等关键词。这些词的搜索热度相对来说比较高，当我们在做长尾关键词的时候就可以作为参考。

巧妙植入关键词

在软文中植入关键词，是软文营销的惯用手法之一，也是所有软文营销人员的必备技巧之一。但为软文添加关键词，不是一件简单的事情。

在植入关键词的时候，一定要巧妙、适当、合理，要选准植入的时机，既不能通篇都是关键词，也不能为了植入而植入，以免镶嵌得过于突兀。

关键词的密度

关键词对软文的搜索引擎优化有着非常重要的价值。但这并不是说关键词的密度越高就越好。搜索引擎会把关键词的密度作为排名算法的因素之一，每一种搜索引擎都有针对关键词密度的计算方法，只有合理的关键词密度才能获得比较好的搜索排名。

搜索引擎喜欢自然的优化方式，因此，在植入关键词的时候不要硬放，一般出现2～3个就可以了，最多不要超过6个。不要刻意、过分地重复关键词，更不要在同一行连续两次以上使用同一个关键词。如果按照比例来算，在大多数的搜索引擎中，关键词的密度在2%～8%是一个较为恰当的范围。

关键词的突出度

有时候，我们不必太在意关键词的密度，而更应该关注关键词的突出度。通常，把关键词放在软文的重要位置，比如标题，那么这篇软文的搜索排名就可能比放在尾部要高。这篇软文就有着较高的关键词突出度。实际上，把关键词的突出度做好之后，关键词的密度同样会提高。

关键词的自然植入

在植入关键词的时机和位置方面，要做到不能刻意而为，不能在时机未到之时，冷不防地在软文中植入关键词，也不能在讲一个故事的时候，突然从情节中跳出产品名字来。这种做法都可能会让读者心生反感，同时也会让整篇软文显得不够协调。

换句话说，在植入关键词的时候，要恰如其分地结合前后文，在恰当的时机、合适的位置适量地植入关键词。这一关键词的添加，必须保证文意贯通、结构流畅。

关键词的相关性

有时候，潜在消费者搜索关键词时，有着很明确的购买意图，如果搜出来的内容和自己需要的信息张冠李戴，完全没有相关性，那么关键词就失去了意义。

打个比方，如果你是做测速仪的，而你却把关键词设置成了"海天黄豆酱，怎么吃都好吃"，你的潜在消费者通过关键词搜索是看不到你的信息的。这种做法也许能够产生一些点击量，但对销售产品是没有帮助的。当然，借力关键词的情况除外。

冗长的关键词也会降低信息的相关性，影响搜索排名。如果你的产品是三面震动儿童牙刷，那么你的关键词可以直接设置为"电动牙刷"，如果你如实地将"三面震动儿童牙刷"作为关键词，尽管和产品100%相关，但与搜索习惯不符，因为大多数人都还是习惯输入"电动牙刷"或者"什么牌子的电动牙刷好用"这样的词句来搜索产品。

关键词的通用化

尽量不要使用那些潜在消费者不了解的词作为关键词，比如产品型号。对于不了解企业和产品的人来说，除了专业人士，大多数人根本记不住、也不需要记住你产品的型号。产品型号只是企业自己用于识别不同产品的标志，对一般消费者来说是没有价值的。

第七章 软文的整合营销

整合营销要求营销活动摆脱粗放的、单一的状态，走向高效化、系统性和整体化。我们说软文营销，并不是简单地进行命题作文，而是要结合图片营销、社会新闻、硬性广告、事件营销和节日营销等众多方式。形象点说，软文营销用的是一根手指，而整合营销用的是两个拳头。

本章关键词：

图片营销　黄金分割法　新闻　硬广　事件营销　节日营销

有图有真相

有调查表明，在现代社会，有60％～70％的社会信息，是我们通过图像的方式获取的。由此，根据获取信息方式的不同，有人甚至将之前的传统阅读时代称之为"读文时代"，而将今天称为"读图时代"。

"读图时代"并不是这几年才出现的新兴事物。早在20世纪末，伴随着《咖啡地图》《黑镜头》等一系列图文书的出版，"读图时代"就已经露出了小荷尖角，只是随着互联网的发展，"读图"在今天才进一步成为了重要的日常阅读方式。

从广泛的概念上来讲，"读图时代"的图既包括影视（每秒动态画面由24帧静态图片组成），也包括照片、绘图、图表等静态图。从狭义的角度上来说，"读图时代"的主体不再是原有的书面文字，而是那些新奇、精美、富有视觉冲击力的静态图。在软文中，我们通常指的是后者。

表7-1 读图时代与读文时代的区别

事项	读图时代	读文时代
媒介	图片	文字
特征	感性、直观性、具体性	理性、抽象性、联想性
说明	将文字的深义感性化和直观化，为阅读增加意趣和快感，但具有一定的说教性；消费者与产品保持着一定的距离	唤起消费者更加丰富的联想和多义性的体验，消费者行为往往依据第一感觉产生，而不需要借助文字来对产品逐渐地形成认知

虽然说，文字和图片各具特色，但如果将抽象的文字和直观的图片相互结合，做到无缝衔接，无疑将会使读者的阅读体验更为丰富。

我们讲软文营销，同样需要适应“读图时代”下的“视觉经济”的要求，做到图文并茂。并且，我们应该根据软文的内容不同，软文精美的文字配之以精美的图片。一篇软文如果加上了图片，往往可以帮助你简明扼要地向读者传递信息，提升软文的视觉冲击力。

通常，我们可以使用三种类型的图片：一是照片，二是绘图，三是图表。

照片

照片是最常见的插图方式。无论是在互联网上，还是在传统纸媒上，我们在看到一篇文章的时候，总能够看到随文搭配的各式各样的照片，有风景，有建筑，有人物，有动物，有产品，有设备。总之，为了吸引更多的读者，或者起到解释说明的效果，我们都可以为软文配图。

图7-2 软文的照片型插图示意图

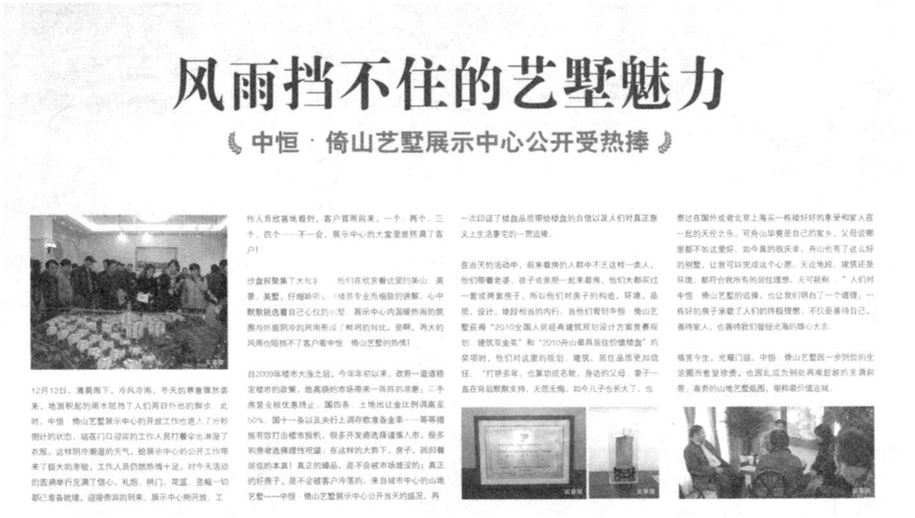

风雨挡不住的艺墅魅力

中恒·倚山艺墅展示中心公开受热捧

12月12日，清晨雨下，冷风冷雨，冬天的寒意骤然袭来，地面积起的雨水阻挡了人们周日外出的脚步。此时，中恒·倚山艺墅展示中心的开放工作也进入了分秒倒计的状态，站在门口迎宾的工作人员打着伞也淋湿了衣服。这样阴冷潮湿的天气，给展示中心的公开工作带来了极大的考验，工作人员仍然热情十足，对今天活动的圆满举行充满了信心。礼炮、拱门、花篮、条幅一切都已准备就绪，迎接贵宾的到来。展示中心刚开放，工作人员欣喜地看到，客户冒雨前来，一个、两个、三个、四个……不一会，展示中心的大堂里就挤满了客户！

沙盘前聚集了大批[illegible]，他们在欣赏着这里的美山、美景、美墅，仔细聆听[illegible]楼员专业而细致的讲解，心中默默挑选着自己心仪的[illegible]。展示中心内温暖热闹的氛围与外面阴冷的风雨形成了鲜明的对比。是啊，再大的风雨也阻挡不了客户看中恒·倚山艺墅的热情！

自2009年楼市大涨之后，今年年初以来，政府一道道稳定楼市的政策，给高烧的市场带来一阵阵的凉意：二手房营业税优惠终止、国四条、土地出让金比例调高至50%、国十一条以及央行上调存款准备金率……等等措施有效打击楼市投机，很多开发商选择谨慎入市，很多购房者选择理性观望。在这样的大势下，房子，回归着居住的本真！真正的精品，是不会被市场埋没的；真正的好房子，是不会被客户冷落的。来自城市中心的山地艺墅——中恒·倚山艺墅展示中心公开当天的盛况，再一次印证了楼盘品质带给楼盘的自信以及人们对真正意义上生活豪宅的一贯追捧。

在当天的活动中，前来看房的人群中不乏这样一类人，他们带着老婆、孩子或亲朋一起来看房，他们大都买过一套或两套房子，所以他们对房子的构造、环境、品质、设计、地段相当的内行。当他们看到中恒·倚山艺墅获得“2010全国人居经典建筑规划设计方案竞赛规划、建筑双金奖”和“2010舟山最具居住价值楼盘”的奖项时，他们对这里的规划、建筑、居住品质更加信任。“打拼多年，也算功成名就，身边的父母、妻子一直在背后默默支持，无怨无悔。如今儿子也长大了，也想过在国外或者北京上海买一栋楼好好的享受和家人在一起的天伦之乐。可舟山毕竟是自己的家乡，父母说哪里都不如这里好。如今真的很庆幸，舟山也有了这么好的别墅，让我可以完成这个心愿。无论地段、建筑还是环境，都符合我所有的居住理想，无可挑剔。”人们对中恒·倚山艺墅的追捧，也让我们明白了一个道理：一栋好的房子承载了人们的终极理想，不仅是善待自己，善待家人，也善待我们曾经沧海的雄心大志。

臻寰今生，光耀门庭。中恒·倚山艺墅因一步到位的生活圈而愈显珍贵，也因此成为别处再难超越的充满前景、高贵的山地艺墅版图，堪称最价值选择。

绘图

绘图型插图主要用于讲解，其目的是使文章的表意更加清楚明了。绘图型插图的种类很多，选择什么样的类型，主要根据软文的内容和整体的美观度而定。

图7-3 软文的绘图型插图示意图

某保健品战略布局图

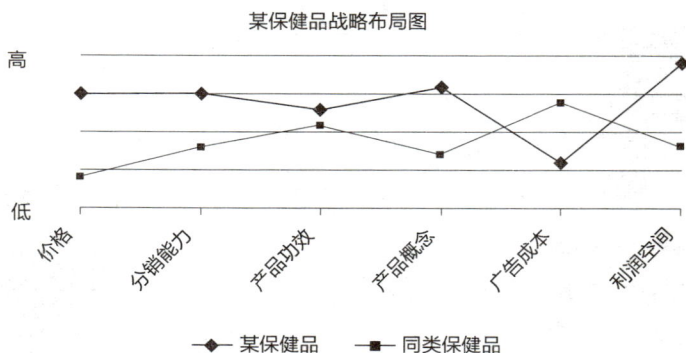

图表

图表型插图也很常见。图表的功能与绘图类似，都是为了能够让人一目了然，而且整齐划一，同样可以为文章增色不少。

虽然图表不像彩图那么吸引人的眼球，但比起纯粹的文字描述来说，还是很有视觉效果的。由于图表具有一定的浓缩性，常常被作为一些科普类文章的常见组成部分。

图7-4 软文的图表型插图示意图

内容	原因分析
前面温度低	门板缝隙漏风；操作间漏风；前面窗户开的多
前面温度高	暖气开的多；前面窗户关的多
后面温度低	风机开的时间长；窗户开的大；后面窗户开的多；后面粪沟、后门、风机漏风
后面温度高	风机开的时间短；窗户开的小；后面窗户关的多
上下温差大	暖气开的少；风吹不到中间
各面温度不匀	暖气开启不合理；通风不均匀

　　此外，如果在发布软文时配有图片，还需要注意以下两点：

　　一是图片的分辨率不要小于72像素，尺寸要合适，大小≤55kb。这是因为，如果图片超标、过大，网页的浏览速度会变慢。

　　二是最好在图片上放上自己的水印。水印可以自己设计，可以设计成你公司品牌名的一个印章，也可以是你们公司的网址等。

软文中的黄金分割法

黄金分割法，又称黄金比例，原是数学术语，用来表示两个元素的比例，它的值大约等于1.618。我们可以简单举例来说明，假设有两条线段a和b，如果它们的长度（a+b）/a的值等于a/b，即（a+b）/a=a/b=1.618，那么黄金分割就成立了，a和b中间点就是黄金分割点。

黄金分割法广泛应用于各种设计作品上，建筑、雕塑、绘画、摄影等领域都可以看到它的身影。之所以黄金分割法如此受欢迎，是因为科学实验表明，人们无论是在审美方面，还是在接受信息方面，最容易接受符合黄金分割法的图片和信息。

在软文营销中，黄金分割法也大有用武之地。

图文比例

在软文中插入图片，对提升软文的可读性，有着很大的帮助。软文中图片和文字的配比如果符合黄金分割法，便不容易使读者产生审美疲劳，阅读时会感觉更轻松、更舒适。

信息位置

黄金分割法有一个简单而实用的运用，即三分法。该方法不严格遵循1.618这个数值，而是用两条水平线和两条垂直线将构图在水平和垂直方向上三等分。这四条线有被称为关键点的交叉点。我们可以把一些重要元素放在这四个点上，比如logo、导航栏等。其实，很多网站、网页都在不知不觉地使用着这个方法。

图7-5 三等分法示意图

　　在软文中，我们可以把那些关键内容，比如关键词、人物信息、产品信息、作者信息、企业信息等，放置在这四个关键点上。这样会更符合一般人的审美习惯。

内容安排

　　在软文的内容安排上，以故事型软文为例，其中故事本身的描述与产品内容植入的比例最好符合黄金分割法。这样既不会因为故事过长而使得读者将产品信息忽略掉，也不会因为产品信息过多而直接被当成广告帖不予通过。

其他设计

软文其他方面的设计，也可以遵照黄金分割法进行。比如，在核心关键词与长尾关键词的配比方面，在原创内容与非原创内容的比例方面，遵照黄金分割法安排会显得更协调。

学习新闻好榜样

做软文营销，要学会把软文制作成新闻。简单地说，就是要让软文长得像新闻。这样既可以通过新闻的形式降低软文的商业色彩，又能够达到营销目的。这样的文章，管理员容易通过，媒体编辑愿意发布，读者也喜欢读，同时还能为产品或企业树立正面形象。

我们可以通过标题、要素、结构、语言、时效等五个方面对软文进行"易容"。

图7-6 软文的五个新闻化

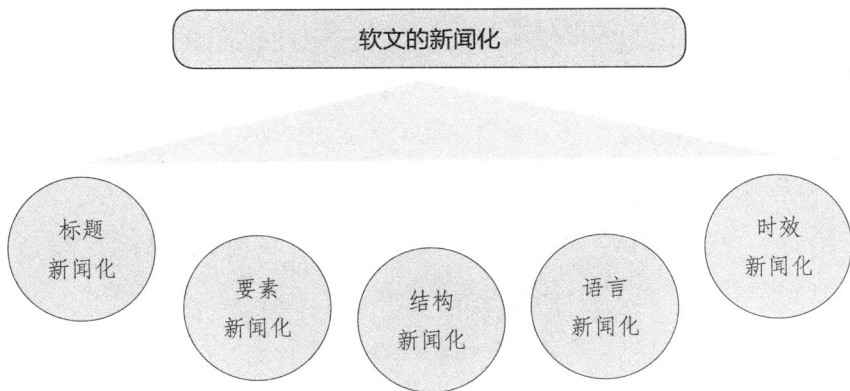

软文的新闻化

标题
新闻化

要素
新闻化

结构
新闻化

语言
新闻化

时效
新闻化

为软文拟定新闻式标题

拟好了标题，软文就成功了一半。标题像人的脸面，软文能否一下子吸引读者基本上全靠它了。

《奥普浴霸何以"霸"京城？》《保肝价太高，市民怎么办？》《太空生物药品击中人类三大顽疾》《北京同仁堂给男人提个醒》《为什么肠清茶"疯"行全国》等软文的标题，不仅颇具新闻性，甚至比真正的新闻标题还吸引人。这样的标题自然能够让读者动心。

为软文添加新闻要素

在操作上，我们可以将软文故事化，在软文中写事件、写故事，让软文更像新闻。比如，你可以编写一则浪漫的爱情故事，让里面的女主人公和自己的产品或网站产生联系。其中，你需要有效运用新闻的六大要素——时间、地点、人物、起因、经过、结果，让软文看上去像一篇新闻报道。

软文结构的新闻化

一般，一篇新闻包括标题、导语、主体、背景和结语五个部分。在制作软文的时候，也可以按照这样的结构来谋篇布局。

如果你的写作技巧不够丰富，那么可以采取"倒金字塔"的形式，把最重要、最吸引人的部分放在标题和导语上。这样可以将最重要的信息第一时间传递给读者，吸引读者继续读下去。

使用新闻语言

我们的生活中不乏新闻，无论是在电视上、广播中，还是在互联网上、移动设备上，我们总能接触到新闻。新闻和其他文章有一个明显的不同之处，就是它的语言有自己的独特性。在软文的写作过程中，我们也要善于运用新闻中惯用的一些词汇，来增强文章的新闻性。

表7-7 新闻的惯用词汇

类型	举例	作用
时间词汇	近日、昨天、去年、今年以来、今年第三季度、五一小长假来临之际、本月15日等	可以引导读者产生与该时间、该地点的联想，加深印象，淡化软文中的广告信息
地点词汇	我市、明珠商场、华景时代小区、家住裕华路的陈先生等	

类型	举例	作用
新闻源词汇	我、笔者、记者、据调查、据了解、笔者还了解到、笔者亲眼看到、在采访中笔者了解到、据车管所负责人说等	让读者感到信息真实、有据可查

注意软文的时效性

新闻的一个最重要的标志就是"新"，也就是时效性，否则，新闻就变成了"旧"闻，新闻也就没有了价值。

要想将软文写得像新闻，就要赋予软文时效性。一般的产品广告都是直接介绍产品的功能的，怎样做才能让软文具有时效性呢?

一是将软文事件化。你可以设计一个刚刚发生的事件，通过对人物和事件的描述赋予软文时效性。

二是提高针对性。假设你的产品是护肤品，那么你就可以把软文的标题命名为"今年冬天雾霾天气护肤有新招"。这样围绕冬天雾霾天气的软文就具备了时效性。

"软硬"兼施，双管齐下

从大的方面来分，广告可以分为两种，一种是硬广，另一种是软广。硬广，即直接的广告展示，大多按时段、位置等收费，如通栏、图标等，还有按点击收费的PPC（点击付费广告）模式、搜索引擎竞价等方式。软广，即软文，是介于硬广和新闻之间的广告形式。

尽管我们可以从概念上划分软广和硬广，但实际上这两者是不矛盾的，反而可以相互补充。但有的企业往往只重视硬广，对软文拒之千里。做软文营销的企业，有时候会把所有的精力用在软广上，没有很好地利用资源，把软文和硬广结合在一起。

真正的推广高手，都是将软文和硬广相结合的，这样才能最大限度提高产品的知名度、识别度和销售量。软文和硬广的结合，简单地说，就是"买广告位+网络软文铺天盖地宣传"。光大银行就曾经通过多种硬广与软文相结合的方式，建立"乐购车"信用卡汽车分期付款业务和缘系存贷合一卡的知名度。

在此次营销推广活动中，光大银行对目标受众进行了定位：以男性为主，20～40岁为主，月收入4000元以上，IT人士占多数。这些人经常浏览汽车、IT、金融、新闻、房产、体育、旅游等类网站。

在硬广方面，光大银行结合媒体的特性和广告形式的不同优势，通过百度TV多媒体浮窗+横幅广告的组合运用，提升了目标人群有效接触广告的机会，充分发挥了不同形式广告的效能。

在硬广方面，在新浪、腾讯、网易、搜狐等门户网站、财经网站通过新闻稿件，比如《其"乐"融融，巧"购"爱车》《分期购车由你定，欢乐加油齐分享》《分期免息无负担快乐购车享生活》等，制造影响力，实施高空拉动；在诸多论坛发帖，比如《听我唠唠分期买车那点事吧》《也来算笔账车贷和信用卡分期买车哪个划算些》《听85后孩子念叨新式理财法，我真是OUT了》等，以话题带动汽车、杂谈、生活、大型门户等不同圈子。

其硬广点击次数超出预估12.6万次，超出比例为59.33%。在软广方面，其新闻稿件被商业、金融类等网站主动转载42篇次；其论坛转帖发帖772帖，总浏览量约为125万。

由此可见，在营销策略上，"软硬"兼施，有益无害。甚至可以说，最能够刺激产品销量的营销行为都是软文和硬广巧妙配合的结果。

通过光大银行的案例了解了软文与硬广配合使用的重要性，那么具体到操作中，应该怎么样将这二者进行整合呢？

利用黄金分割法

黄金分割法在软文与硬广的结合中也有用武之地。一起做软文与硬广的时候，两者的搭配接近黄金分割点时，营销的效果通常会达到最佳状态。

版面广告

企业在互联网或纸媒上做整版或者半版的付费广告之后，在保证内容合法、符合合同的情况下，我们可以将软文融入其中，将硬广与软文做一个融合。

互相配合

一般软文营销动作都是通过互联网进行单独传播。而硬广则既可以在互联网上，也可以在纸媒上，还可以做成户外平面广告或电梯视频广告等多种形式。

那么在操作的时候，就可以以其中一种为主体。如果以硬广为主，那么软文的投放就要成为配角，为硬广服务，配合硬广。我们可以将硬广的传播要点进行总结归纳，如果有必要还可以植入硬广的图片，以新闻型软文的方式对硬广推广活动进行跟踪报道。

如果以软文为主，那么我们就可以在硬广中展示软文的标题，甚至可以加入企业或个人微信的二维码，以方便读者阅读。

当然，无论以哪一种为主体，在营销的内容和投放的时间方面，都要密切配合，以确保潜在消费者在各种媒体中都能获得该信息。

与节日营销挂钩

2014年情人节当天，众多企业、网站——豆瓣、好豆菜谱、酷派手机、青橙手机、网易花田、连我、聚划算、蚂蜂窝、17K小说网等，都各显神通，应景地开展了独特的网络营销活动。其中，青橙手机在情人节活动期间，推出了定制价格为1314元的手机，参与活动的用户还有机会获赠1314张《北京爱情故事》的电影票，以及1314个北爱定制手机壳等礼品。

在我国，全年节假日为117天，约占全年天数的1/3。对于消费类产品而言，节假日对销售的拉动效果无疑是相当明显的。由于节日促销在优惠上具有真实性、时效性和反常性等特点，因此准备"趁火打劫"做软文营销的企业需要未雨绸缪，准备好人力和物力，提前制定相关方案。

节日筛选

要在节日做软文营销，首先要选择适合的节日。虽然说，节日营销是一个整体的营销活动，各个节日营销策划与推广都有一定的共通性，但每个节日都有其自身的特色与消费需求。通俗地说，就是到什么山头，唱什么歌；过什么节日，做什么营销。

表7-8 节日营销可供选择的节日

节日类型	举例
传统节日	元旦、春节、元宵节、端午节、七夕、中秋节、重阳节等
纪念性节日	妇女节、劳动节、儿童节、国庆节等

节日类型	举例
西方传入节日	情人节、愚人节、母亲节、父亲节、圣诞节、万圣节、感恩节等
自定义节日	双"十一"、双"十二"、周年庆、店庆、上市日、春季新品、暑期巨惠、换季清仓、反季节特惠、老板生日等

明确目的

虽然我们一直在强调软文要软，要绵里藏针，但在有些时候也是可以直接推销的。这两者并不矛盾。

当你的产品已经为消费者所熟知时，你就可以发软文，告知消费者现在可以用超低价格购买某某产品——"您只要花100元就可以买到我们店里价值150元的产品"或者"您只要花99元，就可以在我们店里挑选任何一件原价商品"，这样可以让消费者觉得自己赚到了。平时因产品价格高高在上而望而却步的消费者们，往往不会错过这个"免杀价"的好机会。

过期不候

一年到头，并不是每天都是节日。因此，节日营销必须强调时效性。在操作上，你可以给消费者"一刻千金""过了这村，就没这店"的感觉，为消费者限定自由抢购或"1元秒杀"产品的时间。

比如，你可以规定在圣诞节当天上午9点整到9点零5分之间拍下的产品，可以以2元的价格成交。尽管这种促销手段看上去会让你亏到血本无归，但实际上这一举动会给你带来急剧上升的人气和更多的潜在消费者，等他们被吸引过来之后，就是他们自愿掏腰包的时候了。

形式多样

一说到促销，即便是软文营销，其方法也不过是现场秀、买赠、折扣、积分、抽奖等，不会有什么新货色。当然，在具体的方式上，软文营销也大同小异，但在细节上，我们却有着巨大的创意空间。比如，一家保健品企业设计的"新年赢大奖，谢谢也有礼"活动，就进行了促销形式的组合：该企业设了5个奖项，分别是冰箱、微波炉、自行车、保温杯和"谢谢"，然而还制定了一个规则，消费者凭借刮刮卡的四个"谢谢"可以换一盒小包装的产品。

打造软文"套装"

软文营销并不是写一篇软文，然后投放出去，就万事大吉了。软文营销绝对不能那么简单化、机械化。

节日营销软文要进行组合。你要准备三五篇关联性软文（可提前1~3周投放到互联网上，为之后的营销活动预热）、一篇促销通稿、一两篇促销亮点解析类文章、一篇促销后总结性软文等。

卖点节日化

根据不同节日情况、节日消费者的心理、节日市场的现实需求和企业产品的特色，制作软文，是顺利打开节日市场的基本途径。

举例来说，春节软文应打亲情牌、礼品牌，为消费者打造适合馈赠亲友的产品，比如《2015年过年礼品送什么？》《北京特产礼盒装88元包邮》等；三·八节主打"她经济"，以"她"为主，以情感为纽带，连接商家和"她"，比如《三·八，爱她就给她特权》《三·八，让她下辈子也能记住你的方式》等；母亲节、重阳节等节日，则可以主推奶粉、保健品、酒品等中老年消费品。

搭上事件营销的"快车"

事件营销是指企业通过策划、组织和利用具有新闻价值、社会影响以及名人效应的人物或事件，吸引媒体、社会团体和消费者的兴趣与关注，以求提高企业或产品的知名度、美誉度，树立良好品牌形象，并最终促成产品或服务的销售的手段和方式。简单地说，事件营销就是通过制造具有新闻价值的事件，达到广告效果。

图7-9 事件营销的模式与策略

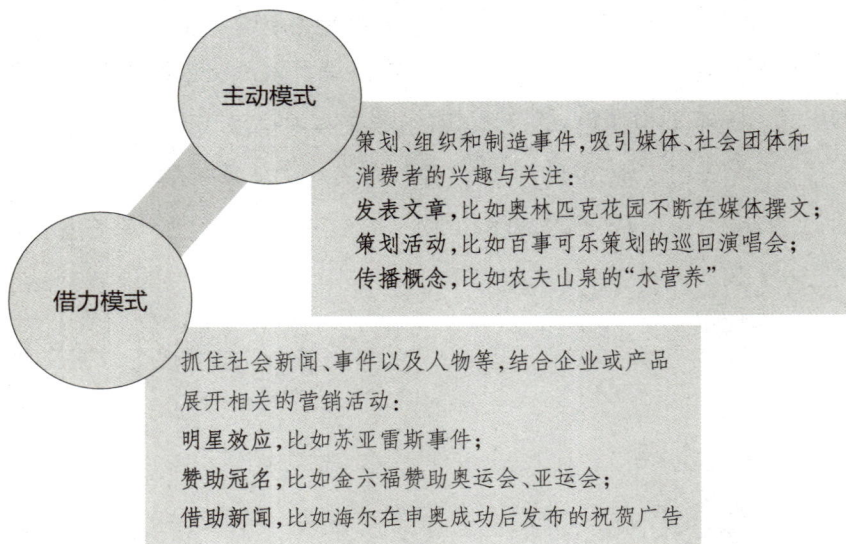

主动模式

策划、组织和制造事件，吸引媒体、社会团体和消费者的兴趣与关注：
发表文章，比如奥林匹克花园不断在媒体撰文；
策划活动，比如百事可乐策划的巡回演唱会；
传播概念，比如农夫山泉的"水营养"

借力模式

抓住社会新闻、事件以及人物等，结合企业或产品展开相关的营销活动：
明星效应，比如苏亚雷斯事件；
赞助冠名，比如金六福赞助奥运会、亚运会；
借助新闻，比如海尔在申奥成功后发布的祝贺广告

在事件营销的两种模式与六种策略中，主动模式中发表文章、传播概念两种策略，与借力模式中明星效应、重大新闻两种策略，都可以和软文营销跨界。

主动模式

软文营销中的主动模式，主要是通过策划、组织和制造事件，吸引广大受众的兴趣与关注。

企业可以与相关的媒体合作，大量发表介绍（宣传）企业或产品的软性文章。这种营销方式比较理性。比如，2012年4月电影《3D泰坦尼克号》就采用了这种方式。

早在2011年开始用3D技术翻新旧版《泰坦尼克号》的时候，各大网站、博客、社区、论坛就涌出许多相关文章，其中最知名的就是在微博、人人网、QQ空间中疯狂转载的《2012在世界末日来临之前你将和谁牵手踏上〈泰坦尼克号〉》，以及在电影上映时出现的如《十五年前陪你看泰坦尼克号的人现在在哪？》等文章。

这些文章打着怀旧温情的牌，让人们将《3D泰坦尼克号》看成一部电影，更当成是一种回忆。那些没有看过旧版《泰坦尼克号》的人，也因为这些铺天盖地的文字，觉得谈恋爱的人不去看就是一大损失。

在传播概念方面，软文营销更是个中高手。健特生物的脑白金、先生口服液的"线粒能"、乐百氏纯净水的"二十七层净化"、猴菇饼干的"养胃"功能等都是在对概念进行营销。

借力模式

软文营销中的借力模式，主要是通过社会新闻、事件以及人物等，结合企业或产品自身的特点展开相关的营销活动。

明星一直是众多企业开展营销活动的重要资源，这是因为利用明星的知名度可以增加产品的附加值。软文营销同样可以借助明星的影响力。

我们还可以利用有价值、有影响的新闻，将自己的产品与事件联系在一起，以达到借力发力的传播效果。比如，在四川汶川发生地震后，北京网秦天下科技有限公司迅速发动员工捐款数万元，并迅速发布了一篇名为《蜀地巨震撼京城，秦人千里送"秦"意》的文章。看过文章的人，都对网秦公司有社会责任感的企业品牌形象留下了深刻的印象。

危机公关

当企业发生危机，社会出现重大突发事件时，企业同样可以借此开展软文营销。如果能够进行有效的危机公关，危机反而能够产生意想不到的广告效果。

当企业发生危机时，企业可以通过表现良好的社会责任，树立良好的社会形象，通过发布新闻型软文的方式，变危机为转机。比如，索尼曾被多家相机厂商指责因为使用了该公司的某种部件，导致相机产品存在质量问题。索尼快人一步，未等受众获悉这个消息，便在自己的网站上发布了维修通知，描述了出现问题的原因，并提出了相关解决的方案，同时宣布免费检测和维修及免费更换元器件。结果，该事件得到了圆满的解决。

当社会发生重大事件时，如果企业善于利用时机，同样可以为自己创造商机。比如，中国移动发现在数次自然灾害中手机都成了受害者向外界求助的重要工具，事后便打出了"打通一个电话，能挽回的最高价值是人的生命"的广告语，其高品质的网络更是深入人心。

软文操作

在融合事件营销的具体操作中，要尽量将事件揉进标题之中；而且要避免使用模糊的表述方式，标题中的新闻点也只能是唯一的。

在正文中，不能只是讲述事件本身，要发现和总结事件背后的问题，要有自己的观点，不能人云亦云，支持什么，反对什么，必须旗帜鲜明地体现出来；不要怕引起讨论，甚至争论，那样反而能够达到营销效果。

第八章 向软文投放要效果

网络软文的发布要比传统的报刊软文发布来得更容易、更直接、更便捷，但并不会因此而降低精准性，反而更有针对性。软文投放就是要通过这种精准性，通过各种平台的传播编织成一张营销网。这张网连得越紧越密，张得越大，则网络到的"鱼"就越多。

本章关键词：

软文投放平台　投放时间　投放检查

整合软文投放平台

　　费尽心思写好了一篇软文，但这并不意味着软文营销大功告成了。软文写好之后，必须发布到目标媒体上，让众多潜在消费者看到，才有可能达到营销目的。而发布到什么媒体平台，怎样选择媒体平台，才能使软文营销更有效果，是我们需要认真考虑的。

表8-1　常用的软文投放平台

平台	举例	说明
站长网站	Admin5、Chinaz、艾瑞、donews等网站	网站权重高，审核快，收录快，无费用，好文章可上首页，大多不允许在软文中插入超链接，但donews允许
官方网站	新浪、网易、腾讯、搜狐等官方网站	网站访问量大，一旦成功投放，效果显著，但投放难度与费用相对较高
博客	163、新浪、腾讯、赛迪、搜狐等博客	无需费用，且访客相对较为固定，需要专人维护；将热点软文发布在博客中，并与访客保持互动，可带超链接
论坛	阿里妈妈、站长、TechWeb、织梦、天涯等论坛	权重高，外链效果好，免费，而且一般允许带超链接，可发布带有争议性的软文，大多需要注册马甲跟帖、回帖、顶帖
百科	百度、维基、360、互动等百科	撰写百科软文，可为企业撰写，也可以为某产品撰写，但要注意避免明显的广告倾向

　　上表所列的软文投放平台，大多为免费的推广方式。在具体的执行过程

中，可以选择其中一种作为主要推广方式，其他几种作为辅助推广方式。如
果有需要，我们还可以借助传统纸媒，通过付费的方式进行软文投放。

在众多可供选择的软文投放平台中，我们该选择哪一个或哪几个投放软
文呢？

根据软文选平台

每家企业生产或经营的产品各不相同，有卖汽车的，也有卖保健品的，
就软文本身来说，有新闻型的，也有故事型的。那么软文所投放的平台就
应该有所区别。如果你是卖汽车的，那么你的软文发到门户网站，效果会更
好。因为这会给人一种高端、可信的感觉。如果随随便便发到论坛里，未必
能够达到预期效果。如果你的产品是游戏，就大不一样了，投放到论坛里，
再进行有效的互动，可能会取得不错的效果。

根据平台投放软文

不同的平台对软文有不同的喜好。有的媒体倾向于技术讨论，有的媒体
倾向于问题研究，有的媒体倾向于时事评论，有的媒体倾向于娱乐化，有的
媒体倾向于文学文化，有的媒体则是综合性的，这就给了我们更多的机会，
我们所写的软文几乎都可以投放。

知道了这些，就要针对网站类型写出适合它们胃口的内容。这样，被推
荐的概率就大大增加，我们才能用最简单的方法达到最好的推广效果。一般
来说，每个媒体平台都有若干个版块，不同版块也有其自己的功能，因此我
们还可以根据这些版块来重点撰写软文，或者针对该媒体的热门频道来撰写
软文。比如，家居行业可以投放软文的频道包括新闻、建材、家居、女性、
购物、促销、家电等；保健品、医疗设备行业可以投放软文的频道包括健
康、医疗、美容、生活、消费、保健、中医等。

人气旺是首选

选择软文投放平台的首要标准是人气旺。一个平台，只有人气旺，才有

可能集中"潜伏"着我们的潜在消费者。在这样的平台上投放软文，更有可能发挥"病毒传播效应"。

从另外一个角度上来说，比如站长类网站聚集着国内95%的站长，如果我们在这类网站上投放软文，就可以在一定程度上有效扩大覆盖面，增加软文的曝光度和影响力。

多平台投放

在投放软文的时候，你要尽量做到多平台同时投放。而且在投放的时候，你要尽量针对不同平台的目标人群修改文章的标题及内容，以求满足不同人群的不同需要。

如果你要在多个论坛的不同版块投放软文，就需要提前注册好马甲，或者是预先在网络上选择好所谓的水军来为你发布。如果精力有限，你可以选择软文营销机构对广大有意承接软文广告的网站进行批量投放。只有这种大规模的传播，才能产生巨大的共振效应。

确定软文投放时间

在软文的投放时间上，我们同样需要进行规划，比如在什么时间投放能够吸引更多网民的注意，能更快通过更新，被搜索引擎收录，甚至能产生直接的购买行为等。

了解阅读规律

对于绝大多数网民来说，他们并不会一天24小时每时每刻挂在网上，他们有自己的互联网使用规律。当然，那种通宵挂机或者下载电影的不在此列。因此，了解网民的上网习惯，就成了软文投放的必修课之一。

图8-2 网名使用互联网的时段

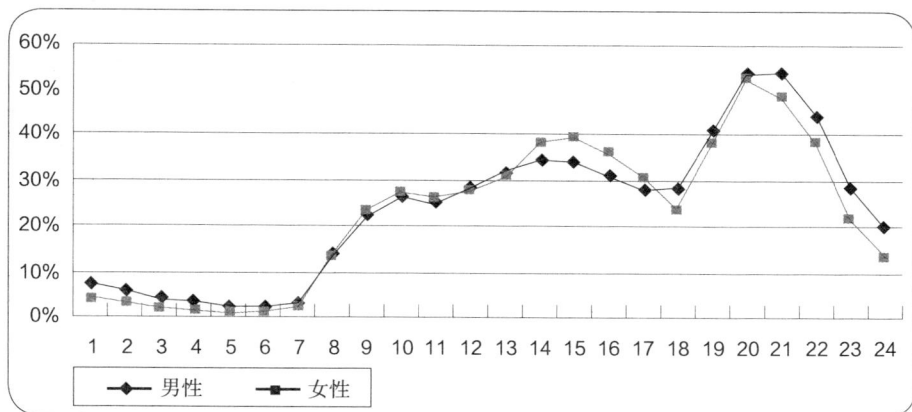

资料来源：CNNC中国互联网络发展状况统计调查

根据上图来看，全国大部分网民上网主要集中在上午9：00至晚上22：00这一时间段，并在晚上20：00达到高峰。晚上23：00至次日上午8：00之间，网民上网比例比较少。因此，我们应该选择在网民比较活跃的时段之前投放软文，分别是每天上午11：00至中午12：30、下午17：30到傍晚18：30以及晚上19：30到20：00。

同时，还要考虑到一周的上班与公休情况，通常在周一到周三投放软文，如果没有特殊情况，周六、周日可以暂停投放软文。

熟悉站点情况

软文通常要在社会主流的上班时间投放。通俗地讲，主流上班时间就是白天的上午时间和下午时间。那些门户网站和新闻源网站的编辑们没有几个喜欢一边喝着咖啡提神，一边通宵达旦地熬夜审稿。他们大多是早晚打卡上下班的普通上班族。给这些网站投稿的时候，一定要考虑到网站编辑们在审稿、发稿方面的工作习惯。

抓住时机

◎节日时机

伴随着节日到来，人们的购买欲也会明显增加。无论是"她/他经济"，还是"我经济"，都会促使人们买礼物送女朋友、家人、领导、同事或客户，或者慰劳自己。

在不容错过的商机面前，我们必须围绕情人节、双"十一"、黄金周等节假日做些文章。现在，很多企业都已经发现了其中蕴藏着的商机而大搞网络营销。

◎"搭车"热点

大家都喜欢关注新鲜事物和热点新闻，因此现在的软文营销普遍会关注热点新闻和最新报道。软文营销必须抓住时机，不切合时机的发布，等于是在做"无用功"。当杜甫已经不忙时再发杜甫的软文，那时候就不会再有几个人追着看了。

　　为了追求时效性，在出现热点新闻或者新鲜事物的时候，就要抓住机会赶紧写、赶紧发，即便通宵达旦地加班也在所不惜。这就像多家媒体的记者抢新闻一样，谁先抢到，谁就占得先机。如果这个机会被你的竞争对手抢到了，而且进了首页，之后即便你的软文质量高过对方，可能也没机会"上头条"了。

投放之前，反复检查

　　检查往往能够起到防微杜渐的作用，能够在一定程度上避免千里之堤毁于蚁穴。这就像IBM前总裁郭士纳所说的，如果强调什么，你就检查什么；你不检查，就等于不重视。软文，不单纯是一篇文章，更可以从侧面提升和塑造企业形象。从这个层面来说，软文营销也是一种企业文化的体现。

　　另外，软文营销，不止要注重软文的量，更要注重软文的质。投放之前的检查，能够为软文的质加上一定的保险。总起来说，检查可以消除错误，避免因细节导致软文的质量受到影响。

图8-3 软文检查四项内容

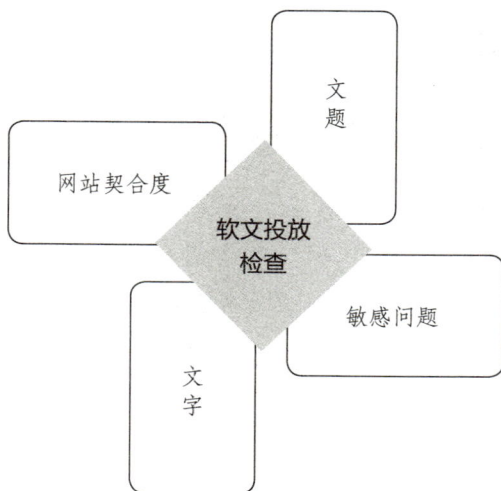

文题是否相互对应

软文有不同的类型，比如新闻型、故事型、归纳总结型等。软文命名也要与软文所采用的类型相互对应。比如，新闻型软文的标题一定要"高大上"，符合新闻的方式，读起来要朗朗上口，写法上可以采用对仗的方式；故事型软文的标题要突出人物、事件等故事要素，有吸引力。

另外，标题是正文的"代言人"，因此标题一定是正文的高度概括总结，而不能张冠李戴，标题和正文没有任何联系。

是否存在敏感问题

软文是一种形象宣传工具。无论软文是营销部门撰写的，还是请人操刀的，都应该注意一个问题，就是写软文绝对不能自己抹黑自己。非主流的色情、赌博、暴力等违法字眼是绝对不能出现的。

再者，一些敏感问题也需要注意，比如前任和现任国家领导人、国家大政方针政策、暂无定论的国际性话题、有争议的明星或网络红人、宗教信仰等。

文字质量是否过关

软文也是一种文章，因此同写作作文一样，都必须保证结构安排与段落划分合理，语句前后通顺，无语病，无错别字。尤其是涉及产品和关键词的地方，更不得出现纰漏。否则，不仅影响读者阅读，还有可能影响搜索引擎优化结果。

与投稿网站是否契合

首先，你需要了解所投放平台对文章的要求，比如长度和尺度等。有些网站会对软文标题和正文的字数、篇幅有一定的要求或限定。否则，如果标题或正文过长，我们自己不处理，网站编辑还是会有所删减。

其次，既然是软文，就难免宣传字眼。对此，有的网站也有严格的要求，比如会严格限定发广告的版块或次数等。把软文做软，才有利于提高我们的投稿通过率。

避免软文被删帖

很多人都想在论坛、网站等平台上发软文做广告，可有时候未必能够带来点击量或者销售量。为什么呢？一来，可能是帖子被管理员删掉了；二来，可能是被放到了别的版块；三来，可能是软文水平不行，未能够引起读者的兴趣。

这样的事情是我们都不希望看到的。那么，怎样发帖，发什么样的帖子，才能避免被删帖，保证点击量，不让我们所做的工作成为无用功呢？

避免广告过于暴露

软文被删帖，其中最主要的原因是软文本身没有很好地处理，广告意图过于明显。有人在写软文的时候总是想着怎么巧妙地把广告链接放在软文里，结果链接一多，广告一多，自然就会被删帖。发软文要时刻谨记：写帖子的目的首先是要让更多的人知道，因此首先你要保证软文的吸引力，而不是一味地在软文中放链接。

软文要有特色

千篇一律的软文对读者来说是缺乏可读性的。好的软文就像好的电视广告一样。电视机中、互联网上总会有一些广告让我们记忆犹新。为什么呢？就是因为它有特色，比如"凡客体"。这种特色会成为读者的记忆点，能够引起大家的共鸣。

软文有实用性

在站长网站上，最受欢迎的当属与建站、搜索引擎优化等内容相关的帖子。在互联网上，那种"百大旅游景点""育婴指南"类的帖子从来都不会缺少点击量。究其原因，就是因为"实用"二字。

因此，在发软文的时候，一定要让读者有所收益，不要发那种纯粹的广告帖子，甚至别人一看到标题就知道你要发产品广告，更不用说点击链接，打开网页阅读了。不仅如此，如果你发的频率过高，还可能被管理员"禁言"。好的帖子，即使简短，只要实用，点击量也会迅速增加。

维护帖子，保持互动

俗话说，瘦田没人耕，耕开大家争。一篇软文，要想提升关注度，或者虽然质量不错但缺乏人气，这就需要我们采取一些维护措施，比如回帖、顶帖等。

表8-4 维护帖子的方法

方法	说明
参与讨论	对于网友关于软文的发言，可以通过马甲的方式参与讨论，引发不同的观点，吸引更多的人关注
回复留言	发软文之后一定要随时关注网友们的留言，尤其是在微博、微信、博客等平台，要认真回复每一条留言，让网友能够感受到你是用心的，持之以恒，自然能够获得信任
顶帖和转帖	有些时候，在论坛发帖子，也许文章内容很好，但还是有可能缺乏人气，我们就可以自己隔三岔五地去顶帖和转帖，增加软文的曝光率，慢慢地，人气就上来了

选择投放板块

软文和版块是有一定相关性的。如果说你写的是企业融资成功的文章，却投到了娱乐版块，这件事就太娱乐了。这样的文章，你应该投到商业、金融版块。

投放的版块一定要正确、准确。否则，软文写得再好，投到了一个不相关甚至是完全错误的版块里，版主会毫不犹豫地删掉你的文章。

只发适当的文章

做任何事情都讲究适可而止，不能为了达到目的而不择手段，那样只会一无所获。那么，要想避免被删帖，就要尽量向不被删帖的要求靠拢。我们可以找一些参照系，看看那些点击量高、有人气的文章是怎么写的，是什么风格，然后适当借鉴，但不可摘抄。

第九章 软文营销的推广方式

在互联网上，软文可以在博客、微博、微信、论坛、门户网站等平台中见缝插针，无所不在。在这些平台上开展营销推广的时候，要注意日常维护：不仅仅要将注意力集中到信息更新上，更要懂得与网友进行互动。否则，再好的软文也未必能够发挥其效用。

本章关键词：

博客营销　微博营销　微信营销　论坛营销　门户网站营销

博客中的软文营销

近年来，随着微博、微信以及无线互联网平台的发展，博客的一部分用户被分流到这些平台。但截至2014年6月，我国博客和个人空间用户规模仍然有4.44亿，其中，博客的使用率为19.3％，用户规模为1.22亿；个人空间的使用率为65.1％，用户规模为4.11亿。

图9-1 博客/个人空间用户规模及使用率

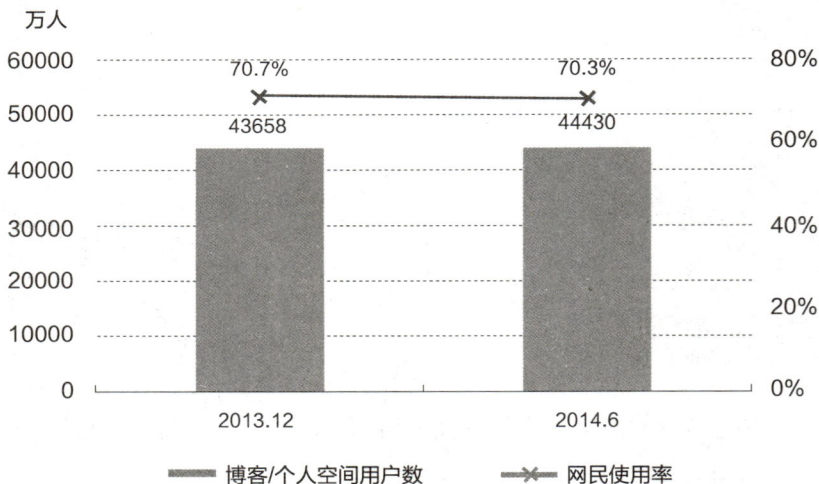

资料来源：CNNC中国互联网络发展状况统计调查

虽然博客的使用率略有降低，内容一般较长，而且缺乏互动的即时性，不能满足人们随时随地关注、发布信息的需求，但这并不影响博客成为企业重要的网络营销工具。实际上，博客营销一直是企业或个人发布并更新企业或个人相关概况及信息，关注并及时回复相关疑问以及咨询，并通过较强的博客平台获得搜索引擎的较前排位，以达到宣传目的的营销手段。

这是因为博客有着其他网络营销工具所不具备的稳定性，并且能够在很大程度上帮助企业获得话语权和权威地位，以及信息发布的主动性。博客文章可以直接植入企业网站链接，可以增加用户通过搜索引擎发现企业信息的机会，因此可以降低转入成本，为企业带来潜在的消费者。

关键词植入

在博客软文中，我们可以使关键词的植入密度大一些。因为，相比较来说，博客没有那么多的限制，即便关键词密度大一些，我们也不用担心文章被删。像新浪、网易这些网站，它们从来都不担心文章关键词密度过大而会被搜索引擎惩罚，同样它们的二级博客也不用担心这方面的问题。只要保证文章质量，便于阅读就可以。

另外，要为关键词做锚文本。访客只要看到好的博客文章，就很有可能一键转载到自己的博客，而不会把锚文本去掉。这样那些链接就被附带着转载了。这就相当于为我们做了外链。

文章适合转载

要想让文章被网友转载，首先你的文章要适合转载。如果你能够做到这一点，将会收到相当好的推广效果。

适合转载的文章必须具备一定的收藏价值。它可能具有实用价值，比如《新手seo必知的网站优化八大注意事项》，也可能是很幽默、很搞笑的，比如《白话版〈出师表〉》，还有可能是很经典、富有哲理的，比如《写在三十岁到来这一天》。这些文章都是别人心甘情愿转载的。

如果你写不出那么多的原创文章，可以进行"伪原创"，即搜集适合转载的那些文章，然后改头换面，发到自己的博客中。

按圈子发软文

一个热门的博客圈子中的网友可能成千上万，他们有相同或相近的爱好。你可以搜索与你博客主题相关的圈子，然后加那些人气比较旺的。最后，在发完博客文章之后一定要记得推荐到圈子。有些网站有一键推荐功能，很方便。

内容应聚焦

大凡知名博客，其内容都是相对集中的。比如博主"天空永远蔚蓝"的博客内容大多是关于两性情感的；博主"水木丁"的博客内容大多是关于影视圈的；博主"闻香拾女人"的博客内容大多是关于桂花产品的。

博客，一定要文题相对，文章内容不能脱离博客的主要定位，一会儿东，一会儿西的。那样的话，读者不知道你要告诉他什么信息。这样的博客软文自然也就起不到营销作用。

留住"回头客"

这很容易理解，至于如何留住"回头客"，方法很简单，就是和他们保持经常性的互动，比如，回复网友的评论和留言，听取网友们的建议，或者在博客中组织一些活动，比如团购，以带动他们的积极性。这样就达到了营销的目的。

微博中的软文营销

　　微博，微型博客的简称，是一种社交网络平台，以140字的文字更新信息，并实现即时分享。微博作为一种分享和交流平台，较为注重时效性和随意性。相对于博客，微博更能表达出每时每刻的思想和最新动态。

　　尽管现在很多企业都对微信营销倍加推崇，但微博营销还是有着很广大的市场空间，也有很多人坚守着这块阵地。截至2014年6月，我国微博用户规模为2.75亿，网民使用率为43.6％。其中，手机微博用户数为1.89亿，使用率为35.8％。在经历了2011年至2012年的快速增长之后，微博市场进入成熟期。

图9-2 微博/手机微博用户规模及使用率

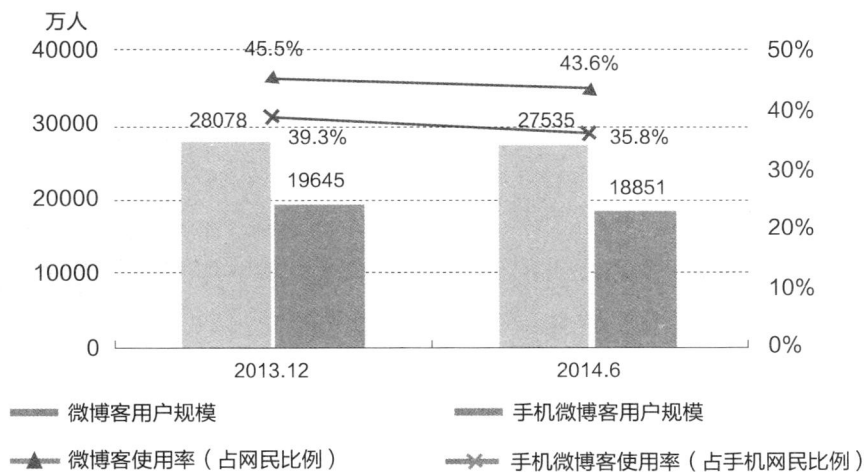

资料来源：CNNC中国互联网络发展状况统计调查

之所以微博营销还有着广大的空间，不仅仅是因为有很多用户在使用微博，还因为：一、微博平台起点低，这就比较容易拉近人与人之间的感情；二、成本低，适合任何企业去做营销；三、覆盖宽，传播快，能够帮助企业在短时间内快速、有针对性地传播信息；四、互动性强，企业和消费者可以直接地交流沟通，从而产生最有价值的信息。

虽然微博的门槛较低，但要真正让微博营销达到效果，还需要做到以下几点。

微博内容多样化

在自媒体营销时代，微博粉丝达到1万人，就相当于办了一份杂志；达到10万人，就相当于办一份报纸。如何增加粉丝量和粉丝粘度，就要看微博本身的质量了。我们必须想方设法提高微博内容的热度，尽量发那些容易引起转发、回复、评论的微博。

下面我们以美容产品为例进行说明。

表9-3 微博的内容

内容	说明
个人信息	美容小窍门、自己遇到的新鲜事、今天的心情如何、和朋友聊天中提到的趣事等
业务信息	主要讨论关于美容化妆的话题，比如某明星的养颜秘籍、一些美容资讯、化妆品使用心得等
其他信息	有趣或者有价值的内容，比如刚刚看到的小笑话、一条很有价值的新闻等

微博可选的内容非常多。这样做是为了让粉丝们通过这些内容感受到微博的真实性，赢取他们的信任。单纯地发布企业信息或者营销信息的发布平台，是非常不受欢迎的。

对于微博的内容，你既可以原创，也可以转发。原创的微博，可以是自己编写的，也可以是整合、参考网友原创的，但不要直接复制、粘贴，要有自己的表达。在微博中，语录类的内容比较受欢迎，转发率比较高。我们可以在不影响这条语录原有意境和语序的前提下插入自己的广告。另外，转发微博时不要空转。

产品广告"软"一点

一般来说，在微博里是不会直接发布赤裸裸的产品信息的。如果发布产品广告，一定要注意广告的软度。下面就是一则非常精妙的"软"广告微博：

火车上。所有人都在低头玩手机。过了一会儿，一部分人抬起头，一脸惆怅地望着车窗外——他们是iPhone用户。又过了一会儿，又有一部分人抬起头，一脸惆怅地望着车窗外——他们是Android用户。然后，火车出现紧急情况，一部分人默默地掏出诺基亚，砸开车窗，跳了出去，于是他们得救了。

这则微博巧妙地讲出了诺基亚手机的两大优点：一是待机时间长，二是结实，扛摔。

想要实现微博营销，非软文莫属。在广告满天飞的今天，我们在公交上、电视上、报纸上、电梯里都能看到五花八门的硬广告。微博用户对此早已经丧失了兴趣。因此，在发微博时，要尽可能地把广告信息巧妙地嵌入到有价值的内容中，比如小技巧、免费资源、趣事等。这样的广告因为具有一定的隐蔽性，而且为用户提供了有价值的东西，转发率较高，营销效果也更好。

通过活动做营销

在微博上，抽奖活动或者是促销互动都是非常吸引用户的，能够达到不错的营销效果。这种营销活动与销售型软文有些类似。这种活动一般会规

企业软文营销

定，只要用户按照一定的方式对营销信息进行转发和评论，就有中奖的机会。奖品一定是对用户们有价值的，这样才能充分调动粉丝的参与积极性。

如果是促销活动，则要为粉丝们准备足够大的折扣和优惠，这样才能够引发粉丝的病毒式传播。促销信息的文字要有一定的吸引力，并且要配发精美的宣传图片。

语言风格要灵活

微博的语言在风格上比较活泼，明显有着网络时代的特点。因此，在发微博的时候，要注意使用最新、最热门、最流行的网络词汇，比如"神马""童鞋""有木有""高大上"等。而且，在需要感情表达的地方可以加上各种表情符号。

内容更新要勤奋

微博和博客相比，有着快捷、方便、易传播的特点，但也正因为如此，我们必须保证微博的更新频率。更新频率不高的微博注定无法吸引广大互联网受众的关注。

微信中的软文营销

根据第三方统计，截至2014年微信总用户数是6亿，其中国内用户5亿。面对庞大的用户数量，微信营销应运而生。甚至，微信营销已经成为了众多企业最热衷的一种营销方式。

表9-4 微信营销的方式

方式	说明
自媒体运营	撰写内容，通过内容吸引潜在客户关注自己，然后再通过内容推送增加用户粘度，进而把用户转化成客户，或者能介绍客户给我们的粉丝
直发	在目标群体关注的微信上直接发布内容
二维码	将二维码应用到各种媒体上，用户可以通过"扫一扫"功能来关注企业的微信
微网站	通过开通微网站或者微网店来宣传企业

通过二维码和微网站的方式来进行营销推广，实际上是微信营销的衍生品，只是在借助微信进行营销。实际上，要真正做好微信营销，还是要从内容策划，也就是软文的策划做起。因为从根本上讲，微信就是推送、发送符合受众口味的软文。

提升企业知名度是基础

相对来说，品牌知名度高的企业更适合做微信营销，所取得的效果也相对好一些。这是因为微信营销需要大量真实的粉丝，而真实粉丝的来源又需

企业软文营销

要企业有品牌，有相当的知名度。这就像大品牌、大明星一样，他们开通微信之后，粉丝量会飞速增长。而新品牌、新企业的关注人数相对很少，微信营销的力量就相对薄弱一些。因此，企业必须首先塑造品牌形象，提升品牌知名度。之后，再做微信营销就水到渠成了。

要想在很短时间里增加微信的粉丝量，必须靠媒体，比如企业官方网站、微博、博客、个人名片、企业宣传手册和杂志、企业客户等。总之，要动用一切渠道来宣传，这样你才能获得稳定的粉丝增长量。

文字是基本

如果你在微信上直接将某款产品的图片和产品的款式、码数、颜色等信息放上去，这是不会有效果的。经常这样做，你的朋友肯定会厌烦。关系一般的人可能会把你列入黑名单。

微信是靠文字来打动人的。因此，微信中的软文营销不能只发图片，要善于使用文字来描述。一个好的产品，需要借助好的文字来体现它的生命力。微信中的文字，不能只停留在对产品描述清楚、说得明白的阶段，要具备相当的可读性。

内容是关键

微信营销关键在内容的质量。高质量的内容自然能够得到大家的喜欢和分享，并形成病毒传播。要想吸引住用户，其实不需要耍太花哨的手法，只要提供给用户最实在、最真实、最喜欢的内容就够了。在微信上，除了宣传你的产品，所发的内容最好能够与用户的工作和生活相关。

另外，在微信推送的时候，不要发过多的信息给用户，如果要重点告诉用户一件事，发一条信息就可以了。一般半天时间内发微信的数量不要超过两条，而且微信内容的形式最好有所不同，不要一成不变。这样用户会觉得你的微信有意思、有价值，不枯燥无味，可以学到东西。

再者，切记在信息中不可放入过多的图片，一般不超过3张，大小不超过50KB，以免影响用户的打开速度，影响阅读率。

微信功能化

有粉就可能掉粉。为解决这个问题，作为企业的营销窗口，在条件允许的情况下，我们可以设专人负责微信客服。我们可以拓展微信的功能，比如可以增设产品价格查询、产品故障申报等功能。这样做，可以明确沟通、互动、推送的对象，增进双方的了解，提高对方的信任度。

植入视频或语音

与互联网上的软文不同，在微信中我们可以加入一段企业视频或者语音。我们可以聘用明星录制视频或者语音，也可以是企业的领导人。总之，越使用那些在用户心目中有一定影响地位的人来录制，效果就越好。

论坛中的软文营销

    论坛营销是借助论坛平台，通过文字、图片等方式发布企业的产品和服务信息，从而让目标消费者了解产品和服务，最终达到宣传企业的品牌、加深市场认知度的网络营销活动。论坛之所以成为企业重要的营销根据地，是因为论坛往往有着相对高的人气和聚众能力。而且，论坛营销成本低，见效快，传播广，可信度高，有针对性。

图9-5 论坛软文营销的三方面内容

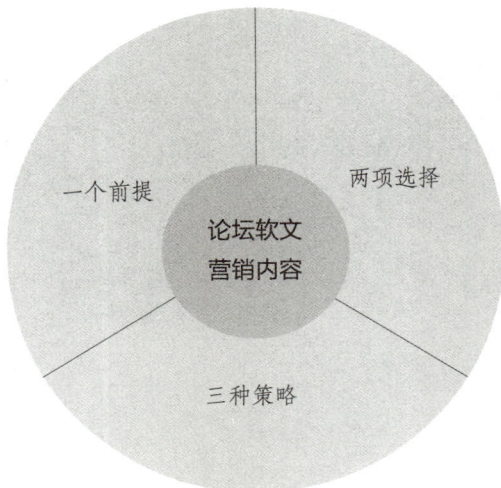

账号保养是前提

    账号保养，俗称养号。当我们决定在某个论坛开展营销活动之后，就要注册账号、保养账号了。

通常，在一个论坛至少要注册一个企业官方账号，以及5～20个马甲账号。这是因为在论坛投放软文，很有可能出现账号被封的情况。这样，一个账号被封了，可以用另一个补上。

这样做，一来这些账号之间可以相互回帖、顶帖，二来如果发前后矛盾或内容差距较大的文章，就可以使用不同的账号。

至于所发软文的内容，可以是关于企业领导人的创业故事、企业理念和文化之类的，也可以是产品使用经验等。

选择论坛与版块

在论坛选择方面，要选择精准性高、人气旺、活跃性高及粘度强的论坛。这些可以从一个论坛的总用户数、在线用户数、热门版块的文章浏览量和回帖量等来判断。

一般来说，建立时间长的论坛总用户数高，在线用户数低。总用户数低、在线用户数高的论坛粘度高。某版块中文章浏览量高说明该版块有人气。某文章回帖量高说明该版块的用户喜欢看该类型的内容，或该类型的文章能引发共鸣。了解这些之后，我们在软文营销的过程中就可以多撰写、多发表这个类型的文章。

在版块选择方面，一定要选择比较活跃的，这样本身发帖和回帖都比较多，人气也高一些。相应地，潜在消费者也多一些。实践证明，把帖子发在热门版块，即使所发的软文过了一段时间被删掉了，也比发在冷门版块不被删掉的效果要好。发在热门版块的一个明显好处就是被转载的可能性很大。

在论坛中投放软文的三种策略

软文中不含品牌关键词。这样的帖子，论坛肯定不会删。这样，等帖子有了一定的浏览量，我们可以修改软文的内容，使其含有相应的品牌关键词。当然，修改后的帖子还是有1/2的可能被删除。

软文中不含品牌关键词，发布之后在小号的回复、跟帖中植入品牌关键词。这种操作要注意：回复的品牌关键词要在第一页显示，但不要太靠前，以消除广告嫌疑，但也不要太靠后，以免降低曝光度，达不到宣传目的。

软文中含有品牌关键词，发布之后迅速使用小号回帖，制造帖子火爆的表象。这样，即便管理员觉得有问题，也不会贸然删帖。

门户网站中的软文营销

与众多的企业网站不同，门户网站所携带的信息非常巨大，能够以磅礴的气势凌驾于众多的企业网站之上。因此，在门户网站上做软文营销，有着相当大的优势。

无删帖。消费者和企业可以在各大门户网站上永久查看帖子，这一点是很多网络营销渠道所无法比拟的。

权威性。新浪网、凤凰网等各大门户网站在业内有着相当高的可信度和权威性，在这些网站上发布新闻，可以有效地提升企业和品牌的形象。

高质量外链。有些官方网站允许在页面植入链接。这种链接堪称黄金外链，对企业来说意义重大，能够帮助企业提高网站权重。

优化搜索。发布在门户网站上的新闻文章会有限展示在搜索引擎的黄金位置。

提供资料。我们可以把发布在门户网站上的宣传报道截图，作为资料给客户看，以增加权威性和品牌知名度。

门户网站的选择

在门户网站的选择上，我们要尽量选择那些权威媒体，同时要考虑到以下一些内容：该网站的日访问量，该网站的主体定位，该网站最活跃的版块是哪一个，该网站的高峰访问时间段，该网站的主体网民是否是我们的目标消费者群，该网站被搜索引擎收录的情况，该网站文章被转载的情况，该网站是否具有一定的权威性。

具体事宜的确定

针对门户网站的软文投放，一般是付费的。

因此，在与网站洽谈投放事宜的时候，要了解投放一年的费用，每天的软文投放量，设置主题页面的费用，所发软文的具体要求（标题和正文的字符数等），是否可以植入文字链接、企业网站等。

根据项目确定媒体

不要盲目地追求综合型门户网站，因为并不是所有的软文都适合投放在综合型门户网站上。

如果你是区域性的服务机构，比如商超、酒店、影楼、医院等，由于你的客户群有着较强的地域性，因此没有必要把软文投放在全国性的综合型门户网站上。相对而言，投放在地方性的网站上更为精准。

第十章 软文营销的社会责任

履行社会责任已经成为全球化背景下企业发展的大趋势。如果企业不讲社会责任，那么品牌形象的树立只能永远是一个梦想。作为企业经营管理活动的软文营销，同样应承担一定的社会责任。软文营销不能只考虑其功利性，还要考虑其社会性，要提供价值，符合并传递社会主流价值观。

本章关键词：

社会责任　过度包装　主流价值观

遵规守法是第一前提

对于软文是否需要合法，有人认为，高明的软文可以写成诗，写成散文，写成小说，你怎么衡量它是否合法呢？其实很简单，归根结底，软文就是一种软性广告。既然是广告，就要遵守《广告法》《反不正当竞争法》。

做任何事情，都要以法律为准绳。软文营销也不例外，也应该按照法律法规的规定行事，把握好细节，以免受到相关部门的查处，甚至引来官司缠身。

某牙刷生产企业，宣传其新产品的时候，在一篇文章中这样写道："这个品牌的牙刷比任何知名品牌的牙刷都能更深层地去除牙垢……"结果，有一些牙刷品牌生产商对此表示不满，一致认为这家企业损害了它们的形象，认为这是一则含有不正当竞争行为的广告，因此联名要求法院对被告发出禁止侵害权益的命令。

该牙刷生产企业辩解称：它们并没有明确指出所比较的厂商以及产品，因此不算是比较广告，不算诋毁竞争对手，自然不存在不正当竞争。原告方认为，这则文章中涉及的市场范围其实比较小，人们通过"知名品牌"这几个字就可以联想到对方所暗示的、为数不多的竞争对手。法院将占有这个市场份额1%的企业定性为"知名品牌"，这样的企业有十几家。故此，法院认定这是一个对比广告。

我国《广告法》《反不正当竞争法》都对广告中的对比行为有明文规

定：不得诋毁竞争对手，即不得在广告中明白声称自己的产品比某某品牌的产品好、质量高、价格便宜。首先，这种营销行为存在误导消费者的可能，因为它不是站在客观的角度上来进行对比的，这样就容易引起消费者的混淆。再者，广告中提到的对比结果未必是真实的，因为这个结论不是普通消费者能够论证的。

无论是硬广，还是软文，都应该避免这种贬低竞争对手的恶性竞争行为。除此之外，我们还要避免以下这些问题出现在软文之中。

违规使用或引用名义

在软文中，不得随意使用中华人民共和国国旗、国徽、国歌，不得借用国家机关和国家机关工作人员的名义。如引用相关的数据、统计资料、调查结果、文摘、专利等，必须保证真实、准确，或明确标明出处。

内容虚假

即以欺骗消费者的方式进行不真实的宣传，比如软文中介绍的有关产品的质量、性能和功效等说明，与产品的实际质量、性能和功效不符，或者擅自改变宣传内容，比如将"健准字"改为"药准字"，或者谎称自己已经获得生产许可证、产品注册证，谎称产品质量达标、获得专利、产品获奖称号，或者使用"国家级""最佳"等用语，或者不科学的表示功效的断言或者保证等。

这些都属于不真实宣传。如果你的软文标题或正文中含有类似违规内容，恐怕还没等消费者找上门，工商行政管理部门就已经登门拜访了。

如果是销售型软文，要在文章中明确标明产品的性能、用途、质量、价格、生产者、有效期限，以及允诺服务的内容、形式、质量、价格，如果有附带赠品，则同样应标明赠品的品种、数量和领取方法等必要信息。

与主流文化不符

我们现在普遍强调"中国梦""正能量"，因此软文在导向上不要偏离主流社会文化。在行文用语上，一定要避免妨碍社会安定和危害人身财产安全，损害社会公共利益，含有淫秽、迷信、恐怖、暴力、丑恶、民族、种族、宗教、性别歧视、妨害环境的内容，不损害国家民族尊严，不妨碍社会公共秩序，不违背社会良好风尚。

过度包装是一种欺骗

软文在互联网上盛行，这缘于它比硬广更能激发潜在消费者的购买欲望。但有时候，由于软文广告难以定性、难以监管，某些过度包装的软文会在一定程度上引领错误的消费导向，甚至是消费价值观。

表10-1 广告的作用

作用	说明
传播信息	广告起着信息传播的作用。广告宣传的产品丰富多样，涉及各行各业。而为了增强可信度和说服力，广告往往会详细介绍与产品相关的知识和信息，特别是新产品、新技术、新领域
知识教育	广告还能够起到知识教育的作用。我们强调终身学习，需要不断扩展和更新知识，并提升生活质量。而广告会为我们提供成功者的形象，介绍品位生活的典范，告诉我们怎样穿衣打扮，怎样生活才是健康的

可以说，广告已经深入到了我们生活中的每个细节，总在教导我们应该如何去做，把我们"照顾"得无微不至。而软文广告，正是凭借着其对生活习惯、健康态度等方面的"软"影响力对我们的社会生活发挥着影响，甚至让我们对其中提到的理论、理念、方式、习惯等坚信不移。

也正是因此，有时候，那种过度包装的软文，对消费者来说，才变成了一种起效迅速的赤裸裸的欺骗，引导了错误的消费观念和生活理念。

图10-2 软文过度包装的表现形式

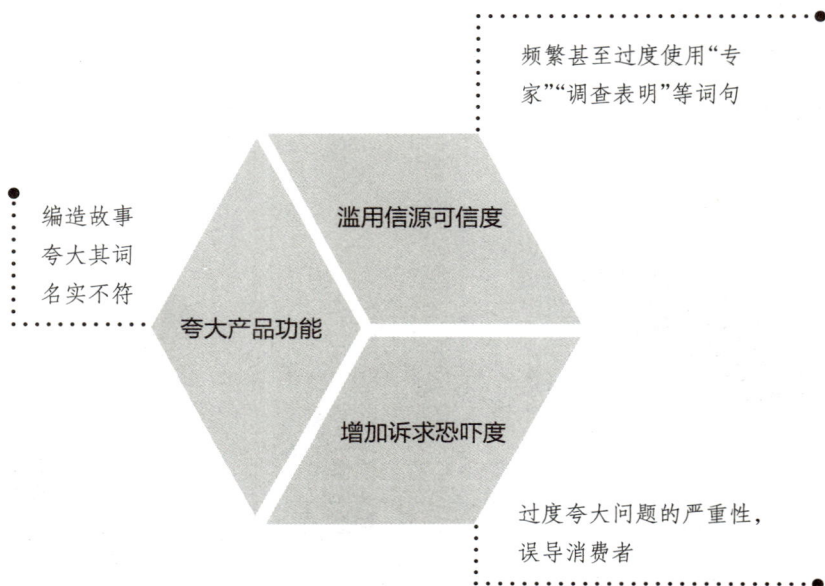

频繁甚至过度使用"专家""调查表明"等词句

滥用信源可信度

编造故事
夸大其词
名实不符

夸大产品功能

增加诉求恐吓度

过度夸大问题的严重性，误导消费者

不实宣传，夸大产品功能

在软文营销中，我们常常会见到这样的宣传方式：在文章中虚构一些人物角色和故事情节，然后将产品及其性能、功效穿插在故事之中，比如某先生自从用了某品牌的男用香水之后，桃花频频，结果老婆一怒之下离家出走。现在有不少软文都在采用这个路数，靠感性吸引消费者。

一篇软文应该符合逻辑、真实有效、结构严密，从理性和感性两个方面取得消费者的信任。但有些软文的夸大尺度明显不合理，放大产品的实际功能，甚至为产品加上其根本不具备的神奇功能，或者把普通产品说成包治百病的"大力丸"。这种软文有可能误导消费者，使消费者产生原本不应产生的消费需求，损害消费者。实际上这本身就是一种违法行为。

滥用信源可信度，误导消费者

为什么政府及行政管理部门会通过电视、报纸等方式发布新闻？这是因为它们都在政府及行政管理部门的管理之下，其所传递的信息具有正确性、准确性和权威性。也正是因此，软文有时候才会"伪装"成新闻的模样。

而由企业或个人直接发布到互联网上的新闻型软文则往往会为了强调其信息源的公正、中立和严肃性，而在软文中频繁使用"专家""专家呼吁""专家感慨""调查表明""世界卫生组织认为"等词语。这种表述利用了大家普遍相信权威的心理，因此会比较容易地将消费者引导进入交易环境。

恐吓消费者，刺激购买欲

心理学家卡尔·霍夫兰通过实验证明，适度的恐吓是达到说服的有效手段。让消费者产生恐惧，是很多商家偏爱的营销策略。通过夸大其词、危言耸听、制造恐惧，不但可以吸引消费者的注意，还能够使消费者产生一定的购买需求。

但是，我们不能为了实现商业目的，而通过似是而非、断章取义的证据，甚至歪曲事实来引发恐惧。这就是说，恐吓型软文必须掌握恐吓的度，同时要确保这种恐吓之词有真实可靠的信息来源。

做价值提供者，而不是产品销售商

有些软文，从标题上看，非常有吸引力，让人欲罢不能。但点击链接之后，却发现它的内容全无价值可言，基本上除了广告就是广告，剩下的就只有被欺骗的感觉了。这样一来，即便你宣传的产品是货真价实的，恐怕也不会给人留下良好的印象，甚至根本就不会留下任何印象。

图10-3 软文的三个等级

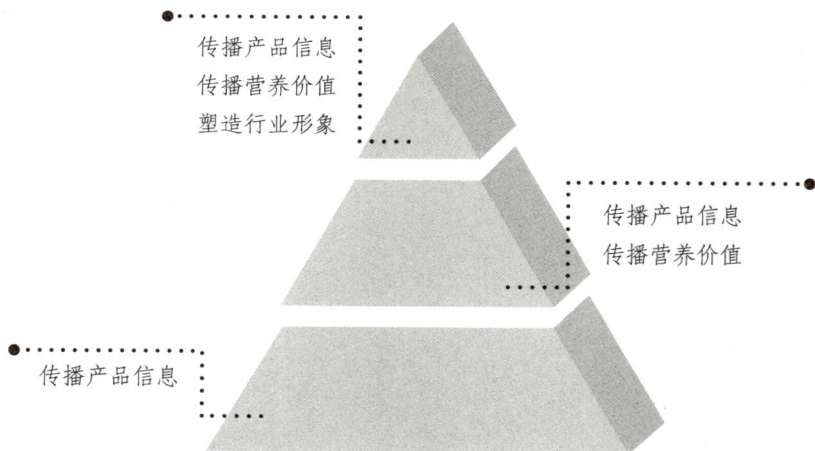

现在的网民有着越来越强的免疫力，想靠这种欺骗性的手段吸引网民的注意已经不再那么容易了。软文营销，价值是王道。从图10-3中，我们可以看到，在软文的价值中，无论是传播产品信息，还是塑造行业形象，都是面对企业的，是为企业营销服务的。只有在传播营养价值的同时，兼顾消费者的需求，才是最高等级的软文营销。

这就是说，在软文营销中，我们应该成为有营养价值软文的制造者，而不是批量生产出一篇篇的垃圾。或者说，我们应该把软文营销做成一场以消费者为中心、为消费者创造价值和乐趣的同时实现销售主张的网络营销游戏。

制造感觉享受

有人认为，一篇软文只要文笔够好，能够达到推广自己产品的目的就够了。这样的软文可以说是高质量软文，如果希望软文带来的效果更上一层楼，这还不够。

如果我们能够通过软文让读者从情感上得到升华，引发共鸣，比如可以从关于亲情、爱情、友情等方面入手，这样的文章才能够真正打动读者的心，才能够被更多的人自发地分享，在互联网传播开来。

有思想，有个性

一篇好的软文，一定要能够让读者的心弦跟着你的文字跳动。有些文章，没有干货、硬货，完全是抄袭、粘贴、复制来的，连伪原创都算不上。这样的文章自己都不愿意花时间看，又怎么能有效吸引读者呢？

在软文中，我们通过文字来展示我们深刻的思想、独特的个性、深邃的见解、独有的风格。这样，当别人看到文章的时候就会联想到你的企业或者产品。因为这种文章从思想的深度上来说对读者是一种收获和启发，而不再是单纯的广告。

提供真实性

软文应该是让读者能够汲取营养的读物。以此为依据，写高境界的软文就没有想象中的那么难。最基本的，你需要从真实的角度出发，有实实在在的内容，一定不要弄虚作假，不要抱着只为了推广自己的产品而刻意推广的

企业软文营销

目的。

　　写软文的时候，你要懂得换位思考，多站在读者的角度想一下，读者希望看到什么样的软文，什么样的软文对读者来说是有价值的、有意义的，比如技术帖、经验分享帖等。如果你这样做了，相信读者一定会喜欢，管理员也不会随便删帖，反而有可能给它加精。

　　传递品牌形象

　　品牌形象对企业来说自然至关重要，对消费者来说同样有着重要意义。消费者对企业品牌的认可，关系着其自身的消费习惯以及对产品品质的信任。

　　一篇给力的软文应该着力塑造企业的品牌形象，不要拿自己的品牌开玩笑，要避免给消费者留下恶俗的印象，以免强化消费者的警惕心理。成功树立了品牌形象，其带来的就是分享和口碑，之后的产品销售也就水到渠成了。

尊重公共秩序与社会良俗

　　企业在生产经营的过程中，除了要对利润、股东、员工、消费者等承担责任，要使其生产经营活动符合相关法律法规的规定，还要承担一定的社会责任，比如企业的一切经营管理行为应符合道德规范，要为社区福利投资，要参与社会慈善事业，并自觉地保护自然环境等。

　　企业的社会责任要求企业必须超越把利润作为唯一目标的传统理念，强调在生产过程中对人的价值的关注，强调对环境、对社会的贡献。

图10-4 企业的责任与社会责任

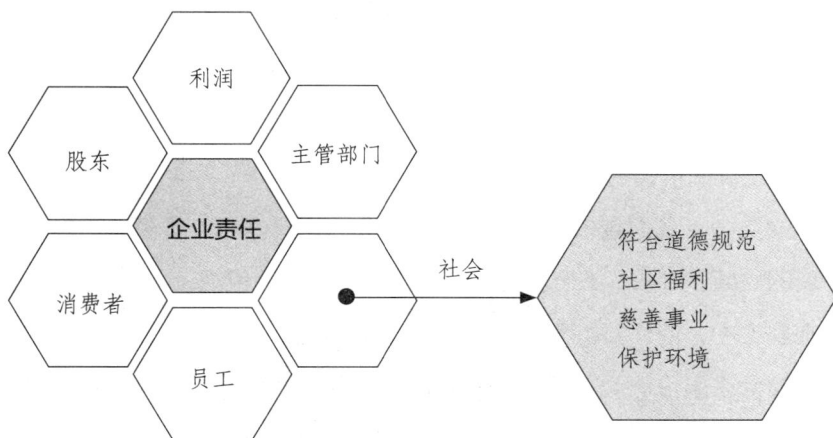

　　作为企业经营活动之一的营销活动，自然应该担起企业所应承担的社会责任，软文营销也不例外。这是因为，文字所带来的力量、所传达的信息，

所影响的往往不是某一个人，而是一个群体、一个地区，甚至整个社会。

有鉴于此，通过软文传达正能量，承担企业的社会责任，就是题中之意了。这可以称得上是软文的责任竞争力。

尊重社会公共秩序

公序良俗，简单地说，就是国家公共秩序、民族信仰自由、社会风俗习惯、他人人格尊严、家庭道德观念等的总称。不尊重公序良俗，轻则受人鄙视，重则要承担法律责任。作为营销工具的软文，绝不能越过这条鸿沟。

让世界充满爱

无论是百事的过年回家广告中主打的亲情，还是飘柔洗发水的从认识到交往到结婚的广告中主打的爱情，无一不是以让世界充满爱为主题的。

爱是人类社会永恒的主题，自然而然成了众多企业广告的主打牌。软文不仅要有理有据，更需至情至诚。在互联网上，以关爱、爱情等为主题的软文为数不少，而且广受欢迎。而那些充满爱心及社会责任感的企业，也大多为我们所信赖。因为我们相信，一个企业，心中有爱有责任，才能有大的格局，才能真正做大、做强、做久、做稳。

我们在写软文的时候同样需要这样的格局，需要心中有爱，需要把爱植入到软文之中，为软文增加责任竞争力。

宣导正确的价值观

在软文中，我们应该宣传正确的价值取向，对好坏、得失、善恶、美丑等价值的立场、看法、态度和选择要符合社会主流价值观。

在软文中，我们要倡导文明、和谐、平等、公正、法治、敬业、诚信、友善的社会主义价值观，要守住底线，不得以丑为美、以坏为好，不得提倡"三俗"、拜金主义、收受回扣、请客送礼等不良风气。

第十一章 软文营销效果评估

软文营销的效果绝对不容小觑。钱花了，到底有没有用处呢？每个企业、每个老板都会做此考量。实际上，软文营销的效果同样可以通过量化的方式进行评估与考量，比如企业在百度的排名、关键词在百度搜索中的指数提升、带来的网站流量、产品被消费者接受后的销量增加等，都可以作为其指标。但对于软文营销的效果，我们更应目光长远，关注长期效果。

本章关键词：

软文质量　软文营销效果评估

如何衡量一篇软文的质量

什么样的软文算是好软文，这个事情好比一百个人眼中有一百个哈姆雷特，没有既定的标准作为参考。但我们可以从软文的内容、读者的反应和软文的搜索情况三个维度出发，对一篇软文的可读性、影响力和流传性进行评价。

图11-1 软文质量的三个衡量维度

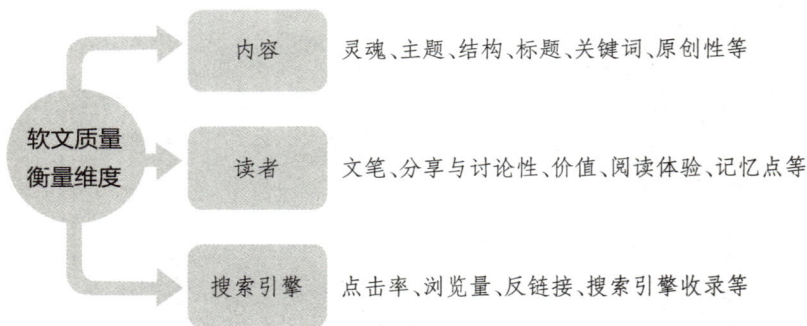

内容 —— 灵魂、主题、结构、标题、关键词、原创性等

软文质量衡量维度

读者 —— 文笔、分享与讨论性、价值、阅读体验、记忆点等

搜索引擎 —— 点击率、浏览量、反链接、搜索引擎收录等

从内容维度来衡量软文质量

一篇优质的软文是有灵魂的，这样的软文就很有可能获得成功，将为企业或产品赢得一大批潜在消费者。一篇软文，要能够传达出一种感觉、一种概念、一种深度，这种感觉、概念、深度要能够抓住消费者的心理需求，能让消费者不自觉地记住。

好的软文大多主题鲜明，全文都会围绕着主题来展开，比如情感型软文《19年的等待，一份让她泪流满面的礼物》就是这样的。思路清晰了，内容自然就容易组织，读者读起来也会感觉很顺畅。

有了好的主题，还要有结构化的布局为主题服务。没有好的布局，可能大家都会觉得这篇软文没有什么看头，因为你的软文没有重点，没有逻辑，读起来没头没尾，不知所谓。

标题要吸引人、关键词的巧妙植入，这都是我们一再强调的事情。

一篇软文的原创性至关重要。这既可以表示对其他作者的尊重，表示对知识产权的维护和注重，也有利于搜索引擎的收录，而且从长远的角度来说，原创才是最终制胜的法宝。

从读者维度来衡量软文质量

一篇好的软文首先必须是一篇好的文章，而一篇好的文章必须具备好的文笔。没有好的文笔，读来枯燥乏味，谁还会愿意去点赞、分享或回帖呢？

好的软文必然能够引起成千上万的网友自发地分享和讨论。网友对文章总会有自己的思维方式，如果软文能够引发读者的思考或兴趣，符合当下的热点或者能够创造热点，自然能够在互联网上广为流传。

软文流传的基础是其价值性。一篇软文对网友来说是有价值的，就具备了被分享、被转载的条件，也有可能被频道、论坛的管理员推荐或置顶。这样一来，软文就会因其闪闪发光的价值而在互联网上大行其道。

软文能够被广泛传播，还有一个很重要的点，即具备良好的阅读体验。这有赖于软文网页的设计，以及文章在字体、字号、段落、行距等方面的设计和安排。

一篇高质量的软文要能够形成记忆点，就像"百度一下，你就知道"一样。这个记忆点，可能是一个故事、一个情节，甚至可能是一句话、一幅插图。

从搜索引擎维度来衡量软文质量

从搜索引擎的角度来判断一篇软文的质量，其实很简单。如果一篇软文能够通过搜索引擎很容易搜索到，甚至搜索结果能够排在搜索页面的前面，这说明该软文有较高的质量。

如果软文投放之后，获得了较高的点击量，或者易于被其他网站增加反链接，或者目标消费者能够在互联网上比较容易地找到我们的产品页面或者网站，或者企业网站的点击量明显增加，或者网民能够转化成消费者，这些也从不同侧面说明软文有着较高的质量。

软文营销效果评估的方法

软文营销，从产生的那天起，就广受企业老板和营销推广负责人的好评与推崇。他们甚至把软文当作万灵丹，认为软文无所不能，认为软文能够一本万利。但后来，他们发现软文做了、投了，销量并不看涨，于是便对软文营销的态度来了一个180度大转弯。

软文营销的效果，一般来说，不能完全以销售业绩增加的多少来衡量。为什么这么说呢？软文更倾向于企业品牌形象的塑造，而不是直接针对产品销售，当然有些软文，比如节庆型的软文、促销型的软文，是针对某个活动设计的，但就总体而言，软文更倾向于企业品牌形象的塑造和传播。

再者，一篇高质量的软文投放出去，不出意外的话，这篇软文（或者一系列的软文）将会长期在互联网上传播。这样的话，软文投放的效果——品牌形象的塑造和传播也将是长期持续的。无论什么时候，只要潜在消费者感兴趣，都能通过搜索引擎找到软文。

既然不能单纯拿销售额来衡量软文营销的效果，那么该如何来评估软文营销的效果？

基本指标

软文营销的效果完全可以通过量化的方法来衡量。这样"有效果"一词就不再是一个模糊的概念了。我们可以根据下表中列出的基本指标来衡量软文营销的基本效果。

表11-2 软文营销效果评估的基本指标

指标	说明
浏览量	一篇软文的浏览量越多，说明软文（或标题）越受欢迎
顶踩数	一篇软文被顶或被踩的数量越多，说明软文越成功
评论数	无论文章好坏，现在都会有人评论，因此可以根据评论数（非广告）来判断软文是否能够引发关注
转载率	这里的转载不完全是指软文的直接转载量，还包括被多少个站点转载后留了版权链接的个数
收录速度	如果是小企业或小网站，可以根据软文投放前后网站收录速度的变化来判断软文营销效果
纯文本网址数量	即通过在搜索引擎里直接输入网址，看搜索引擎找到了多少个页面。该数值在先期一般是软文被转载而且留了版权链接的页面的个数，在后期的范围较广，还包括加入文库、在查询站点搜索、查询网站权重等的个数
直接输入网址数量	通过软文发布地址直接访问网站的数量，或者点击相关关键词进入网站的数量
有效访问数量	即在那些通过软文访问网站推广的数量中，有多少达成了目标，比如下载了相关软件、留下了联系方式或者直接在线下单等

网站权重提升幅度

软文营销最主要的作用之一就是为企业网站带来大量的内外链，提升网站权重。因此，网站权重提升的幅度往往能够证明软文营销的效果。

网站点击数量

在进行软文营销时，有些网站或论坛不允许直接在软文中植入链接，因此企业一般会将企业网址镶嵌在软文中进行推广。因此，网站点击量增幅的大小就成了衡量软文营销效果的标准之一。

新闻源收录

就是看一篇软文是否被新闻源收录。每个搜索引擎都有自己的新闻源网站。如果我们的文章能够被搜索引擎作为新闻源收录，特别是被百度等大型网站作为新闻源收录，就表明软文营销有了一定的效果。因为这意味着通过搜索引擎能够有一定的概率搜索到我们的软文。

产品销售量提升

虽然软文营销的效果不能单拿销量做文章，但对于企业来说，进行软文营销同其他营销方式的最终目的是一样的，通俗点讲，就是卖货。不卖货的营销不是好营销。因此销售报表上的数据，还是能够直接体现软文营销的效果的。只是，我们应该以增幅的大小来衡量，如果增幅较小，说明效果一般，增幅较大说明效果良好；但在短期内，增幅没有变动，也不能够说明软文营销没有效果。

软文营销效果评估的流程

网络营销，作为一种新兴的广告模式，并没有一个完整的评估系统。但我们可以通过确定目标、统计目标完成情况以及投入产出情况来对软文营销的效果来进行评估。

图11-3 软文营销效果评估的流程

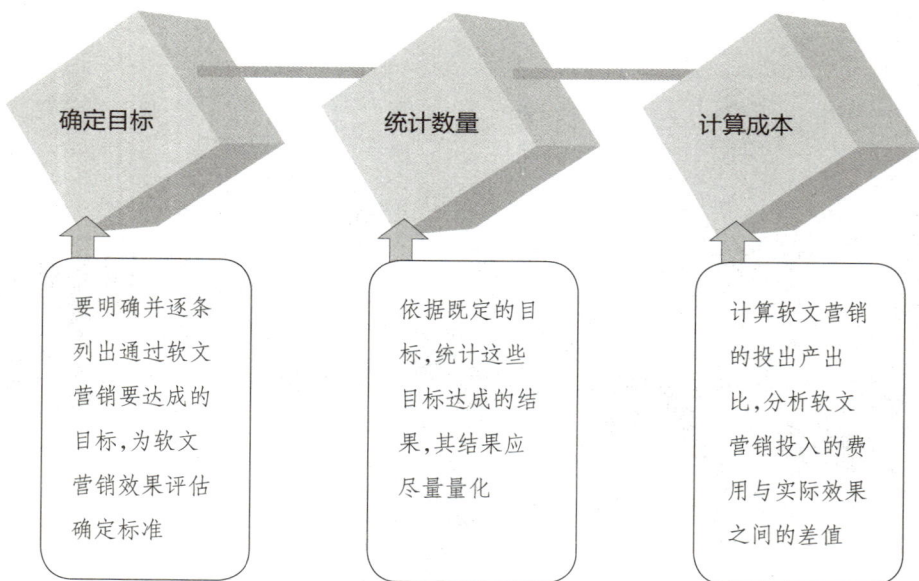

确定目标	统计数量	计算成本
要明确并逐条列出通过软文营销要达成的目标,为软文营销效果评估确定标准	依据既定的目标,统计这些目标达成的结果,其结果应尽量量化	计算软文营销的投出产出比,分析软文营销投入的费用与实际效果之间的差值

确定软文营销的目标

实际上，软文营销要达成的目标，在软文营销活动的策划阶段就应该确定了。确定了目标，在评估效果的时候，只需要将目标的达成情况与预定目标相互比较即可。

开展软文营销，是要提高品牌的知名度，还是提高企业网站的流量，或者直接实现产品在线销售量的提升等，这些如果有明确的定位，那么在软文营销的效果评估阶段，就能够做到有的放矢。

在以上这些目标之下，我们还可以设定二级的具体目标，比如帖子在论坛的大体浏览量、点击量，通过软文访问网站的人次，有效访问数量等。通过这种细化，我们可以根据效果对软文营销的策略进行及时调整。

统计目标达成情况

既定的软文营销目标，为软文营销的效果评估提供了可供参考的评估标准。接下来，我们就需要根据之前设定的软文营销目标，统计目标达成情况。

通常，我们主要对软文的点击率、评论数、转载量、搜索引擎收录情况、直接输入网址数量和有效访问数量等指标进行统计，并与之前的目标值进行比较，就可以对软文营销的效果做出基本的评估。

如果以上指标值超过或大于目标值，我们就可以认为软文营销达到了一定的效果；反之，如果指标值与目标值尚有一段差距，则往往说明软文营销的效果欠佳，我们需要重新调整软文营销的策略。

当然，以上这些指标都是可视的，也就是说都是直接效果。实际上，软文营销的作用更在于对品牌知名度、企业认知度等方面的提升，对于线下销售也会有一定的带动作用。因此，我们不能完全以这些可视的指标为依据。

计算软文营销成本

通常，企业为了进行软文营销，同样会产生投入。因此，我们还要对软文营销的费用进行计算和统计。

◎**软文稿酬**

很多时候，软文不是由企业营销策划部门执笔的，而是找专人，比如网络营销机构或者写手撰写的。这就需要支付一笔稿酬。

◎创意稿酬

一篇好的软文，创意很重要。有时候软文的创意者与写作者未必相同。因此，企业需要为这项脑力劳动支付一定的创意稿酬。

◎投放费用

软文的投放需要借助网络平台。我们可以进行免费的投放，但那需要大量的手工劳动，而且有被删帖的可能。那么有时候，我们就可以采用付费的方式。这样不仅不会被删帖，还有可能获得好的位置。如果我们通过网络营销机构进行投放，仍然需要支付一部分费用。

◎跟进费用

软文不是投放到互联网上就可以"刀枪入库"了。不管软文发布到哪种平台上，在发布之后都需要安排专人进行维护，比如转帖、评论、跟帖等。这同样牵涉成本问题。

软文营销策略的改进与提升

在对软文营销的效果进行评估之后，如果发现投入的成本过高，然而收效甚微，帖子的点击量、评论数不高，也没有明显地带动销售，那么我们该从哪些方面去调整和改善呢？

分析软文所在阶段

软文像跆拳道一样，也可以分为白带、蓝带、黑带一样的级段。在上网的时候，我们会发现，有些软文读起来索然无味，甚至会让人将其当成垃圾，不愿意多看一眼，而有些软文，我们不仅会认真读完，还会因为感动或有所收获而分享到自己的博客或空间。

同样是做软文营销，你就有必要了解你的软文到底处在什么水平，是"垃圾股"，还是"绩优股"。这样，你便能确定以后的改进方向。

图11-4 软文的三个阶段

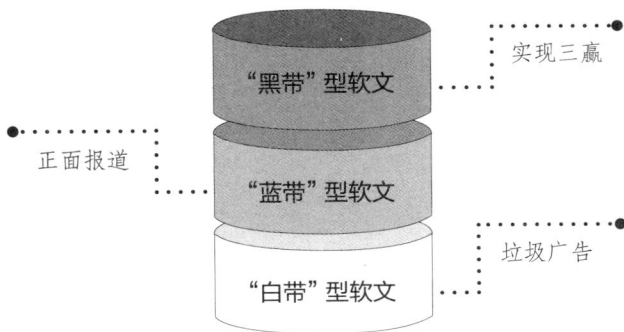

实现三赢

正面报道

"黑带"型软文

"蓝带"型软文

垃圾广告

"白带"型软文

企业软文营销

◎ "白带"型软文

这种软文的特点非常明显，从头到尾都是王婆卖瓜自卖自夸，满篇文章都是吹嘘之词，要么就是彻头彻尾的标题党，如果允许，会把所有的联系方式都标注在文章末尾。这种软文的传播性是非常差的。

如果你的软文营销水准还停留在这个阶段，就需要对软文营销的概念重新认识，不能把软文当成硬广去操作。你需要做的是：将软文营销的概念格式化，撰写出那种无商业气息的文章，尽量回避可能让消费者认为是广告的一切名词和语句，而且绝对不要留下联系方式。

◎ "蓝带"型软文

这类软文主要是以媒体的角度对企业发生的事情进行正面的报道，间接地赞扬企业、宣传企业。

这种方式的软文有一定的阅读量，但"群众的眼睛是雪亮的"，他们对那些明显带有倾向性的报道往往心知肚明。

这类软文还是有一定的市场的。但在具体的操作过程中，既要避免写得过于平淡，又要避免过于吹嘘。如果是请媒体代笔，一定要避免每天原封不动地把资料堆到互联网上。

◎ "黑带"型软文

软文的最高水平是让人看不出是软文。这种软文能够实现企业、媒体和读者三方的共同利益。

对企业来说，软文提升了知名度，树立了品牌形象，传递了品牌故事；对媒体来说，一系列高质量的软文提升了网站、论坛的水平，使其更具凝聚力；对读者来说，软文传递了价值，读者从中获得了知识或者感触。这种"三赢"的结果是我们做软文营销的终极目标。

提高软文营销能力与水平

即便实现了"三赢"，我们也不能就此满足，而停下努力的脚步。我们应该进一步拓展知识面，提升自身的能力，提高软文写作与操作水平。

◎ 充实知识

写文章，肚子里必须有墨水，写软文就更要如此。有些人写不出一篇成功的软文，原因就在于其缺乏行业知识，因此没有灵感。

如果你是自己写软文的，就要通过百科了解软文写作的技巧与要求，并对自己所在的行业有全面的了解。另外，你要多收集同类型的软文，向同行学习。这样写出来的文章才会货真价实，尤其是技术类、经验类的软文更应如此。

◎ 做好分析

在经过效果评估后，如果发现软文营销没有达到预期目标，那么就需要重新进行市场分析。这是所有营销活动的共同起点。

在对整体市场环境、宏观政策、消费者特点、竞争对手产品特点及其软文营销策略等诸多因素进行有效分析之后，才能确定软文营销策略的调整方向。

◎ 选择网站

平台的选择同样关系着软文营销的效果。一篇软文，不是投到所有的平台上都有效果，投到论坛上可能获得很高的人气，但投到微信平台上，可能就没几个人分享了。

比如，Admin5倾向于网站建设、搜索引擎优化等技术方面的内容，而艾瑞网则倾向于文章的科学性、条理性和分析判断能力。因此，我们有必要重新考虑软文投放平台的适应性。如果方向不妥，就需要重新排兵布阵，根据媒体平台的特色重新投放软文。

◎ 二次策划

在做完了以上工作之后，我们要在重新投放软文之前，对软文的标题和内容进行二次策划。这是因为软文不被认可，可能是标题的吸引力不够，或者案例、数据陈旧，缺乏说服力，或者故事不够感人，或者关键词的布置不够科学、太过明显等。那么，在重新投放之前，我们就需要对整篇文章进行相应的优化。如有必要，则要重新撰写。

第十二章 企业开展软文营销的策略

工作需要计划，管理需要规划，营销需要策略。良好的营销策略能够帮助企业定位市场、锁定目标消费者群体、为营销推广活动指明方向。因此营销策略是营销活动的重要组成部分之一。有时候，营销效果欠佳，就是因为营销策略制定不够到位。而我们要做的，正是有策略的软文营销。

本章关键词：

软文营销条件　原创软文　软文营销系列化　软文营销周期

企业开展软文营销的基本条件

不管你是营利性企业，还是公益性组织，软文营销都能够帮助你提高知名度，树立品牌形象。那么企业开展软文营销需要什么条件呢？

确定企业所处阶段

企业所处的生命周期阶段不同，所采用的软文营销策略也应有所区别。

一般而言，在初创期，企业在进行软文营销的时候应适当加大软文的投放量，在互联网上混个"脸熟"。

在成长期，软文营销要坚持"质量"共进的原则，尽力塑造和提升品牌形象。

在成熟期，企业在软文营销方面应更注重品质，要通过高质量的软文投放达到维护和提升品牌形象的目标。

图12-1 企业生命周期示意图

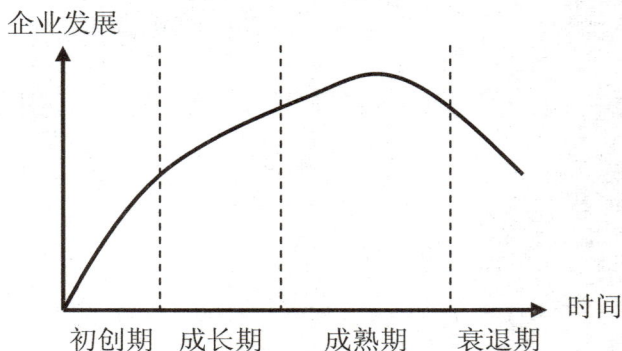

心态很重要

任何营销活动都有可能收不到明显的效果。而软文营销的效果显现既可能是迅雷不及掩耳的，也有可能是最不明显的，也就是说它不一定能够直接带来产品销量的增长。另外，一篇软文，作为营销人员可能很认可，觉得它很有吸引力，但读者未必买账。因此，要开展软文营销，就要做好双重心理准备，并且要获得企业领导人的大力支持。

需要资金投入

有些人会觉得互联网就是一个免费平台，发一个帖子就可能一呼百应，吸引众多网友的眼球。但有些时候，我们还是需要借助一些付费平台的。比如，在撰写软文的时候，我们可能需要与外包团队合作，或者聘请专业人士代笔；在投放软文后，为了不被删帖、强化营销效果，我们可能需要向某些门户网站或论坛等支付相关的营销费用。

人员准备

作为中小企业，如果没有资金委托外包机构，则需要自己组织人员实施软文营销。而在这种情况下，企业所使用的营销渠道也以免费的传播渠道为主。

为此，企业需要建立一个软文营销小组，配备专人负责软文营销的相关工作，比如撰写软文、注册马甲账户、投放软文以及软文投放之后的跟踪与维护工作——回帖、顶帖、转帖、点赞等。

引导消费需求

对手机行业比较了解的人，都知道这家最受欢迎的高端智能手机生产商——苹果公司。他们在对待消费者的时候总是我行我素，从不迎合消费者，总是让消费者跟着自己走。他们坚信消费者"不知道自己要什么"。这以强有力的证据证明，如果你想强调你的与众不同，或者市场存在空白，那么引导消费比迎合需求更加有效。

而软文营销最给力的地方恰恰就是引导需求。优秀的软文和优秀的广告在引导需求的功效方面没有二致。在产品极大丰富、日趋同质化的今天，大众的消费行为很多时候是盲目的。一则优秀的广告，很多时候能够起到吸引消费者前来消费，带动整个社会的生产消费的效果。没有广告宣传，有谁知道你的新产品呢？

满足需求

其实，不只是硬广，任何一种营销手段都具有引导消费者的功能。而软文可能更是其中的佼佼者。这与软文能够满足人们的需求是分不开的。

从需求层次理论的角度来说，首先软文是具体产品或服务的载体。软文通过绝佳的文笔，将产品的功能、服务的特性完美地展示出来，这就在物质上满足了人们的某些需求，或者吸引了一部分潜在消费者的注意。

其次，软文会向读者传递一定的知识、技巧、经验、理论或观点，这些对于一些医疗保健行业、IT行业以及其他技术性行业从业人员来说有一定的参考价值。

图12-2 马斯洛的需求层次理论

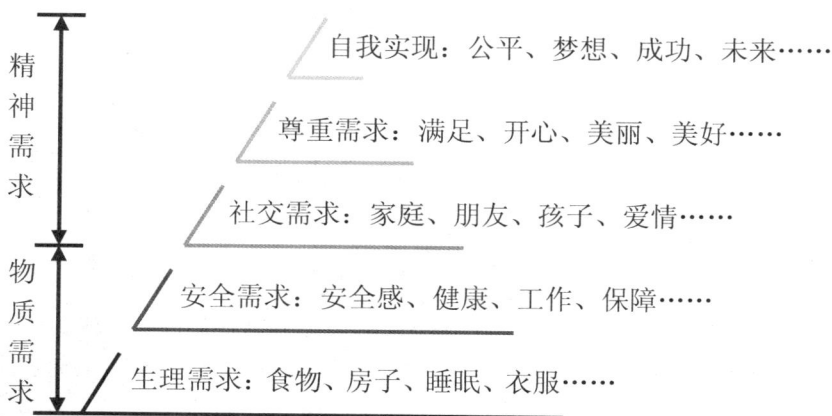

再次，软文大多会借助品牌故事、创业经历、情感故事或者新闻热点事件。这些关于爱情、亲情、友情、亲身经历的故事和事件，有的逗人开心，有的发人深省，有的引人共鸣，使软文从情感和精神上与读者保持交流，能够使读者的某些精神或者情感层面的需求得到满足。

创造需求

消费观念的演变经历三个时代：一是理性消费时代。当时，人们生活水平低，因此消费者普遍注重产品的物美价廉和经久耐用。二是感觉消费时代。消费者开始注重产品的内在质量，对于创新的产品表现出较大的兴趣。三是感性消费时代。在这个时代，人们对产品的要求不再是质量、价格或者品牌，而是看产品（或者对于产品的宣传）是否具有魅力，整个消费过程是否能够让其在心灵上感到满足。

基于感性消费时代下的消费需求，为了引导需求，软文营销的主要策略在于：推广创新产品，以新产品或产品的新功能来引导消费；由以物质性引导为主，转变为普遍重视精神性引导；引导的重点由产品信息传播转变为以企业理念与概念宣传为主的文化引导；在形式上，从说明性、实用性引导转变为侧重审美性、抒情性、感染力的引导；通过概念营销，改变消费者的消费观念，引导消费者按照软文中提出的消费主张、消费方式进行消费。

以需求为核心

无论是引导消费需求，还是迎合消费需求，其最终的着力点始终是消费者需求本身。因此，在进行软文营销之前，首先要进行市场调研，充分了解目标消费者的普遍需求。

实际上，我们说引导消费需求，其中也有迎合消费需求的部分，这是根据市场调研得出的结论，即消费者需要什么，我们就提供什么。而需要我们引导的，是满足这些需求的途径和形式。这就是软文营销的本职工作了。我们需要通过最好的方案、最佳的方式、最适合的平台营造需求氛围，怀着对消费者的关怀、关爱，提供能够让消费者真正感到满意的产品或服务，并引导他们的选择偏好和购买行为。

确保软文的原创性

什么是原创软文？很简单，就是自己写的、自己创作的、没有任何抄袭成分的软文。

有时候，我们会发现，自己辛辛苦苦地原创了一篇软文，本以为只要发布到高权重的平台上，通过了审核，就可以达到目的了，但最后发现自己的努力却为别人做了嫁衣。为什么我们还要如此强调软文的原创性呢？

这是因为，首先，原创软文因为有其精髓，表达出了自己的思想，因此提交时更容易通过审核；其次，更容易受到大家的欢迎和喜爱，能够吸引到更多的眼球；再者，原创软文可以更快地被搜索引擎收录，因为搜索引擎对原创文章是相当看重的；另外，从长远的角度来看，原创软文不但能使网站的流量呈稳定上升的趋势，还能为企业树立形象，让网站的搜索排名越来越靠前，让更多的用户搜索到；最后，原创软文因为容易吸引大家的关注而有很大的可能被转载，这样就能够在一定程度上增加外链。

撰写原创软文

那么，如何才能写出原创软文呢？

◎多学多看找灵感

上小学的时候，语文老师就教我们要多看、多听、多写、多读，这样便能提高我们的写作能力。正是这些，为我们原创软文提供了基本的素材和最初的灵感。

所谓"熟读唐诗三百首，不会作诗也会吟"，经过一段时间的积累和锻炼，你的写作技巧和思维能力都会有所提高。

◎换位思考

软文营销，内容为王。高质量的原创软文不单要有好的标题，内容也要足够吸引人才行。在具体写作的过程中，要尽量避免使用专、精的语言，要站在消费者的角度去考量软文需要使用什么样的语言，采用什么样的结构，以及他们希望看到什么样的文章。内容越是易于理解，文字越是生动明了，软文才越能受到更多人的喜爱。

◎论述解析原汁原味

原创的意思就是要保证所写出来的内容有自己的特色，要围绕软文的主题进行原汁原味的创作。即便你所引用的资料是互联网上常见的，即便你的观点与他人雷同，你也要有自己的思维角度和解读方式。只有这样，你的软文才能引导大家去感受、去思考。

避免伪原创

有时，有人挖空心思也写不出来一篇像样的文章，而且也没有时间把周期拖长来原创。这时候，伪原创就出现了。什么是伪原创？标题改动一下，段落打乱一下，产品更换一下，一篇文章就出来了。这就是伪原创。

伪原创能够保证软文撰写速度，对于营销效果也有一定的影响。但伪原创对于提升网站权重和企业品牌的作用不大，有时候甚至会产生负面影响。因此，我们应该尽量避免伪原创。

从伪原创向原创过渡

要想从伪原创向原创过渡，只把别人的文章做稍微的修改，比如把标题换一种表述方式、把故事中的人物改改姓名、把产品从太空杯改成电风扇等，这样是远远不够的。那么，怎样才能完成这种过渡，产生一篇原创软文呢？

◎标题更换

软文的标题代表了整篇文章的核心观点，因此要想突出原创性，我们必须重新为软文选择一个更切题的新颖标题。这样可以增大被搜索引擎收录的概率。

◎去糟粕、取精华

如果你看到一篇软文，其中指出了搜索引擎优化的十种方法，那么你就可以从中选取五种，然后自己加上一种，并融入自己的心得体会。

如果你想写某个方面的软文，那么就可以去搜索相关的资料，而且要保证尽量全面。然后你就可以对这些资料进行整理，写一篇该主题的大全文章，比如《高质量外链方法大全》。

这两种方法都可以将最精华的部分展示给读者，自然算是一种原创。

◎重新组织内容

搜索引擎的检索中，软文的内容也是非常重要的一个部分。

要做到软文的原创性，必须对内容进行大幅度调整。首先，首尾两部分文字必须用自己的语言书写。搜索引擎检索文章是按"自上而下"的顺序的。如果你的软文开头的部分已经被收录了，那么这篇软文就不会再被收录。

其次，正文的内容要进行大篇幅的调整，可以增删改调，其宗旨是能不一样就尽量不一样。当然，其中的产品、关键词等都要随之更改。

最后，在语言上，要尽量进行替换，尽量使用自己的语言，建立自己的软文风格。

软文营销动作的系列化

曾经盛行一时的知名优化软件Z武器经过慎重考虑，决定更名为"鲁大师"：鲁班是中国历史上能工巧匠的化身，而拳打镇关西、倒拔垂杨柳的鲁智深更是在民间广为流传。鲁大师希望秉承中国文化和Z武器的传统，继续打造助人为乐的免费软件。

软件更名造成原有品牌的积累功亏一篑。如何让鲁大师打开局面，提高知名度和认知度，重新获得用户的忠诚，成了摆在团队面前的一大难题。

软件团队想到了软文营销，并找到了专业的网络营销团队，为鲁大师量身打造了一系列的软文，该系列软文分为新闻式、书信式、科普式、借热式、悬念式、恐吓式等多个系列，共计20余篇，比如《让鲁大师火眼金睛帮你让奸商无所遁形》《新版V2.43鲁大师亮相，助你叱咤游戏疆场》《甄选优质显示器，力荐鲁大师新版2.43》《玩游戏，"鲁大师"传授克敌制胜的秘诀》《微软官网推荐，鲁大师受邀参加WIN7发布会》《WIN7产品发布会现场，鲁大师答记者问》《WIN7余热未尽，鲁大师奇招再出》《鲁大师：全心全意为网民服务》《互联网经济时代，网络产品怎样做营销？》《鲁大师：如何预防电脑甲流》《鲁大师警示：预防全球过热迫在眉睫》《鲁大师一出手，电脑毛病赶快走》《鲁大师闻电脑〈风声〉拉响破谍警笛》《贾君鹏，鲁大师叫你"清扫"电脑准备过年！》《鲁大师携手先马，护盘机箱拿回家》《晒电脑配置鲁大师让你更独特》《快速优化电脑，提升电脑综合性能》《盘点09年鲁大师"五宗拳"绝招》《用鲁大师（Z武器）给电脑减减肥！》《百度被

"黑",鲁大师为网络撑起保护伞》《鲁大师警示:预防电脑〈2012〉灾难降临》《一封来自鲁大师忠实用户的感谢信》等。

一段时间下来,软件认知度和知名度取得关键性的进展。当年,鲁大师作为一款系统优化软件新秀,在IT系统软件中囊括六项大奖。

鲁大师能够重新获得用户的忠诚,并取得不俗的成绩,这些都跟鲁大师到位的系列性软文营销有着莫大的关系。

为什么软文营销系列化能够有如此大的功效呢?所谓"双拳难敌四手,好汉架不住人多",一篇软文好比孤胆英雄,其"战斗力"是有限的。而一系列软文好比集团军,能把"战斗力"提升到空前的水平。

表12-3 系列软文的优势

优势	说明
便于阅读	一篇软文约为500字至800字,至多不超过1500字,这种长度比较符合网民的阅读极限。再长,网民就懒得看了
连续性	如果将一篇软文分为上下篇、续集再续集或者更多篇,而且每篇都有一个主题,这样就能将整个软文营销活动贯穿起来,而且有层次性
完善内链	内链的创建很大程度上能影响最终的营销效果。系列软文因其思想一致、内容相关,因此方便创建内链。若干篇软文能够构建一个完整的链接网。它们之间可以互相推广

实际上,很多的软文营销策划,都不是靠一篇软文来打天下的。这主要是因为宣传需要一个过程,读者接受也需要一个过程。而如果只靠一篇软文,很有可能当读者想搜索类似信息的时候,帖子已经沉底了。

这就要求企业在开展软文营销的过程中要有系列化的操作策略,也就是像鲁大师、脑白金等品牌那样布局不同系列的软文。

保持整体思想不变

在具体的操作上，我们可以将产品或者品牌的不同特征进行拆分，分成若干个分观点，然后单独成篇，同时保持系列文章主题思想的一致性。

整体规划

在内容上，系列软文之间可以是密切相关的，也可以是彼此分离的。这就需要进行整体规划。密切相关的软文，比如分成若干个部分的系列软文，要注意不要因为遗漏某些观点而使得整体内容不完整。

形式多样化

就像前面介绍的鲁大师的系列软文一样，单从标题上就可以看出其形式的丰富性。在形式上，我们可以借鉴软文的各种类型，比如新闻型、科普型、分享型、技术型、悬念型和故事型等。

如果是密切相关的软文，我们就要在文章的标题后面加上"上中下""一二三""第一部分第二部分"这样的序号词汇，以示区别，同时也是为了提高标题的搜索重复率。

延长软文营销周期

一篇软文有其生命周期，可能繁华过一段时间就无人问津或沉入"帖海"了。如此一来，营销动作也就白做了。为了不让所付出的努力打水漂，为了在互联网上建立品牌影响力，我们就要把软文营销的周期拉长，打持久战。

制定营销规划

在一开始，我们就应该制定软文营销规划，比如前期投放什么内容的软文、中期投放什么内容的软文、后期投放什么内容的软文。

不仅如此，为了跟随市场的变化，营销方案和软文内容还要根据实际情况进行相应的调整，一定要避免来来回回总是拿同一篇软文打天下。

周期性

确定投放周期的目的是通过类似轰炸的方式让用户记住，并参与讨论，甚至以后会考虑使用我们的产品。软文投放的周期一定要合理规划，有规划的投放效果比没有规划要明显很多，会带来源源不断的客户源。

软文的投放应该符合用户群的搜索习惯，并据此确定多长时间投放一次。有时候，软文需要一周投放三篇，有的时候甚至需要每天投放一篇。这也要看我们产品的性质。

修订原文

有时候，我们可能会在软文投放之后才觉得有不当之处。因此需要再次修改再次投放。但切记，不要只是对软文进行小修小补，比如只是改几个错别字。那样是无济于事的。修改的范围可以大一些，有时甚至可以对文中的某些观点进行修正。

分期投放

实际上这也是软文营销动作系列化的内容之一。

如果一篇软文的内容过长，那么你就可以分批分次投放，而不要一次性地发表。这样读过前面内容的网友可能会期待后面的内容，没读过前面内容的读者也有可能去搜索你之前发表的内容。这样同样可以延长软文的生命周期。

更换平台

在一开始投放软文的时候，我们不会把所有的网站全部利用到。那么，过一段时间之后，你就可以将该软文再投放到其他网站上。因为不同网站，尤其是不同类型的网站，其读者群是有所差别的。

发表评价帖

在网上，我们常常会看到"读某某有感"这样的帖子。我们也可以采取这样的方式，对我们自己发表过的软文进行总结评价，写一篇读后感。这样一来可以在一定程度上吸引更多的新读者去阅读原帖。

附录 软文营销实例

很多人都想知道，到底怎样才能写出一篇既能够让读者接受，又能够实现销售的软文。现实是，有些软文，不是缺乏销售力，就是被读者当成广告，甚至被管理员毙掉。长此以往，我们不仅会失去读者，更会让企业形象受损。那么，写好一篇真正意义上的软文有什么秘诀呢？下面，我们就和读者们分享一些精彩的软文，供大家参考和借鉴。

情感型软文:《从业二十年,愧疚二十年》

　　我及我的一大家子在一些很知名的装饰公司混迹很多年了,这些年来,所有所见所闻和自己所做的,都是如何多从业主那挖一点,为公司多创一点效益,再从公司那分得一点点蝇头小利。每次费尽口舌,挖空心思让业主付出高于实际造价百分之四五十的钱而完成一项装修工程后,心中都会有一种非常愧疚的感觉。从业二十年来,这种感觉随着时间的推移,也在一点点的加深加重。每次见到过去的业主,脸上虽然笑容依旧,但内心总是像被失主抓住的小偷。还要让他觉得你为他家的装修付出多少多少辛勤的劳动,为了替他省钱花了多少多少脑筋而感激你。

　　终于,我弟弟最先忍受不住,率先离开了装修公司,于今年四月在南宁首先推出网络装修,以同样的材料,同样的工艺,同样的质量和同样的服务态度,但价格却低于一般公司百分之三四十而服务于南宁的新老客户。为了消除业主的所有顾虑,他奉行的是先装修后付款的原则。即每完成一项工程,待业主验收合格后再支付工程款。让业主在没有任何后顾之忧的情况下,享受在任何公司都无法享受到的服务。网络装修推出短短的几个月来,已得到了广大业主的大力支持和热情拥护。这就真正让他实现了做凭良心的事,挣凭良心的钱的夙愿。再也不用做那种昧着良心说瞎话的事,让自己的心灵得到些许的安慰。

　　多年的摸爬滚打使我们在业界有着不非的名声。您若不想在装修方面花冤枉钱,何不试着与我们谈谈?绝对会让您有意想不到的收获。因装修所涉及的方面太多，在帖子上不可能很详尽地一一解说清楚，所以大家如有任何有关装修的问题，可在QQ83646048向我们提出咨询，我们非常乐意为您作出解答，任何咨询均是免费的。大家一起讨论一下装修的陷阱到底有多深。

在后面我将用图文的方式详细阐述针对各种不同案类的省钱方略，并将持续更新，以供大家参考。（图片部分略）

软文简析

这是一篇感情质朴的软文。其真实的经历、质朴的语言、真诚的情感是该软文最成功的地方。加之其后陆续贴出的图片，一经推出，便在网友心中建立起了好感。

该篇软文的成功之处，还有一点，就是抓住了消费者的需求。买房装修是人生大事，疏忽不得，但消费者往往因为不懂行情而花冤枉钱。这篇软文通过现场见证的方式，爆料装修市场乱象，放大痛苦，然后为广大消费者提供了货真价实而且物美价廉的装修指南。不仅如此，他们还坚持"先验收，后付款"的原则，这让消费者难以拒绝。

在广告植入方面，他们做得很巧妙——"可在QQ83646048向我们提出咨询，我们非常乐意为您作出解答，任何咨询均是免费的"，这样就将广告变成了交流，大大降低了消费者的戒备心理。

新闻型软文：《一个被99%的人忽视的卫生习惯》

"预防病毒至关重要，养成良好的卫生习惯更重要。其实，有一个卫生死角，被我们99%的人都忽视了。"这是记者昨天在采访中听到的一席话。

昨天，雅臣咨询机构给每位员工发了一台洗之朗。有趣的是，洗之朗并不是用来洗手、洗脸、消毒、杀菌的眼下紧俏产品。

"我们鼓励员工积极做好预防工作，但更关心员工日常生活中的卫生习惯。"该公司行政总监说，"传统的便后擦拭有两大不良后果，一是肛部皮肤皱褶较深，手纸根本无法将粪便擦干净，残留在便渣中的有害气体和物质会腐蚀皮肤，滋生病菌，引发疾病。二是擦拭的手纸容易堵塞马桶下水，扔进纸篓又会使手纸上的粪便堆积，形成病菌温床，污染环境。"

记者发现，洗之朗形同座便盖，但具有座圈抗菌、便后清洗、女性清洗、烘干、除臭等多种功能。"洗之朗在日本的普及率已经高达90%以上，欧洲、东南亚地区也早已普及。目前中国只有少数人在享受便后温水清洗屁股的舒服和健康。"中国家电商业协会市场委员马悦先生告诉记者，"洗之朗将会彻底改变我们的卫生习惯，成为家庭生活中使用频率仅次于电视机的家用电器，而洗之朗带给全家的健康与享受，远远超过其他家用电器。目前北京、上海、广州等大型城市已经开始普及，相信在两年内，会在全国城市家庭迅速普及。"

采访中记者还了解到，良治洗之朗目前是国内同等质量产品中价格最低的，零售价在980～2580元之间，是某同类品牌价格的10%～20%。"这个价格已经在城市居民的承受范围之内，普通家庭已经完全消费得起。"据多年从事市场销售与研究的良治电器公司副总经理肖军介绍，"洗之朗不仅将成为城市居民家庭的家用电器，而且将会成为宾馆、酒店等公共场所卫生间的配套设施，西安某大酒店因率先安装使用良治洗之朗，吸引了大批国外旅客，尤其深受日本及东南亚客人的青睐。"记者还得知：目前一些精装修的房地产开发商也瞄上了这一现代时尚电器，亚美伟博广场是西安市第一家在精装修卫生间内配套安装良治洗之朗的房产开发商。

使用过洗之朗的刘女士在采访中对记者说："洗之朗对女性来说，解决了日常清洗的问题，很方便，随时都能洗，保持清洁。很舒服，是一种享受。"记者还了解到：洗之朗操作简单，对老年人及高血压患者特别适用，不费劲，动作小，只需要按键操作，不再担心擦屁股会带来的意外。"其实，抓卫生习惯不能忽视了孩子。让小孩从小就养成便后洗屁屁的习惯很重要，洗比擦更卫生清洁，又能预防病菌感染，要为下一代想想。"某幼儿园老师的话也让记者感悟颇深。医学界人士也认为："便后清洗能有效预防病菌繁殖及交叉感染，缓解痔疮、腹泻等带来的肛部病痛。"

笔者以为：改变"擦"的历史，走进更文明、更卫生、更健康的"洗时代"，已经是大势所趋。预防病毒，从养成良好的卫生习惯开始，已经是广大老百姓共同的心声。手要勤洗，脸要勤洗，下身更要勤洗。

软文简析

这是便后清洁产品洗之朗推出的众多软文中的一篇。

这篇文章的产生适逢我国"非典"横行，可以称得上恰逢其时。把握有利时机，紧跟新闻热点，是洗之朗软文成功的重要原因之一。

从形式上来说，该软文承袭了新闻标题，通篇采用新闻体，写作风格新闻化，旨在进行科普宣传，而不是推广产品信息，这些都成了洗之朗软文营销成功的重要帮手。

促销型软文:《能吃到鱼翅的巴西烤肉店》

巴西烤肉店有两种:一种是不能吃到鱼翅的巴西烤肉,一种是能吃到鱼翅的巴西烤肉。前者很多,后者却很少,少到只有一家,那就是位于济南西部的天发舜和国际酒店一楼的巴西烤肉店,尽管两者的价格差不多,内容也差不太多,但在这里,你可以吃到正宗的石锅鱼翅。

能吃到鱼翅的巴西烤肉店,不近,在济南段店附近。许多食客来后的第一件事,是先吃一碗正宗的石锅鱼翅再说。解馋也好,体验也罢,反正在那里吃饭太划算了。你不好意思吃了没有关系,人家会主动把石锅鱼翅送上门来。

餐饮界的好多老板和行家都来吃过,自助餐能吃到鱼翅,这让他们感觉很新鲜,品尝过后他们顺便还对这里的鱼翅赞不绝口。

济南的许多名人名士也都来这里吃过,不为贪便宜,就为来感受一下这家店的氛围。

许多恋爱中的俊男靓女也来了,他们感觉到这来吃,划算,上档次,感觉爽爽的。

在这家店里,牛肉、牛排、烤牛舌、烤培根、烤五花肉等肉类制品,应有尽有。

"孔府煎包"?一种看上去就很诱人的包子,简直是太好吃了!我们一桌几个有点贪吃的人聚在了一起,竟然在取菜的过程中,不谋而合地将人家刚刚端上来的一笼包子"一锅端",全都给"承包"下来了,气得排在后面的其他桌的食客干瞪眼。

至于烤鸡翅、烤水果和日式鱼生等更是各取所需，每个人都吃得饱饱的，心里畅快极了。

甜点是一定要吃的，虽然咱是个1米8的"武二郎"山东大汉大老爷们儿，但提拉米苏和品种繁多的精美蛋糕却一直都是咱的最爱，这里的甜点做工讲究、口感细腻，奶香味十足，轻轻咬上一口，甜在嘴里也甜在心里，这东西吃多了其实是很容易上瘾的，要不是考虑到保持体型的重要性，我一定会吃不绝口的。

价格也不贵，和普通巴西烤肉差不多，但能吃到鱼翅和"孔府煎包"的地方，感受就是不一样。虽说这里离市区的路程稍微远了一些，但不堵车，时间上差不多，再加上"内容"的丰富多彩，感觉还是蛮划得来。

没说的，下次俺请客或者有人请客，在这里，俺还要来！

软文简析

这是一篇为某巴西烤肉店撰写的软文。

首先，本文在写法上很有意思，没有采用平铺直叙的介绍方式，比如"打劫"别人的"孔府煎包"的桥段写得非常生动。

其次，详略得当。文章没有把该店所有有特色的菜品全部写上，而是有的重点描述，甚至将鱼翅作为亮点，直接写到了标题中，有的一笔带过。这样的写法增强了文章的可读性，对读者来说也能够最直接地获取到最需要的信息。

故事型软文:《一位老板的坎坷红酒创业路》

　　认识这位老板时间不长,大概也就几个月而已,认识源于他们公司的一次红酒品酒盛会活动,我是幸运儿之一,幸运儿都能获得两瓶价值过百元的红酒拿回家。此后我们一直保持着联系。这位老板年纪不大,大概也就是38～40来岁,香港人,算是一位比较有成就的商人,说起他的事业经历,可以说是历尽艰苦辛酸,踩着荆棘丛生的坎坷道路,一步一个脚印走到辉煌有成就的今天。

　　红酒事业是他的第三次创业,也是数次创业以来成功的一次创业,在今年的3月份成立红酒公司,有自己的品牌和代理一些国外的名酒。在成立红酒公司前,他从事过化妆品行业,建立一个化妆品B2B网站,其赢利模式是收取会员费,由于诸多方面的因素,以失败告终。

　　在一次参加MBA的培训班里,他结识了一位经营红酒的朋友,并与其深入交流,既然现在正在寻找项目中,也可以了解一下红酒行业。听说红酒的利润很高,国内市场需求也非常大,未来,红酒市场将会取代啤酒市场,整体市场情况还是很乐观。他逐渐对红酒业激起兴趣,就下决心要到那朋友的公司去参观一下,熟悉一下红酒行业。参观回来后,行动的欲望甚强,由于投资费用不低,即使是再好的项目也要深思研究一番。几天后,他决定从事红酒事业,并拿下那位朋友的国内代理权!

　　回来后,跟员工们商量,把红酒业的知识和前景简单地概述给员工听,各位达成共识后,都下定决心要把红酒业经营发展起来。一切从零开始，老板早已想好了名字"波波球红酒"。当名字决定下来后，他便与员工们讨论公司的业务模式，该向加盟方向走还是批发方向走？还是直销？他一直很看好网络营销，讨论通过后，最后选择的模式是以加盟代理为主，批发为辅，通过网络平台开发全国各地的代理加盟商，结合地面的宣传，开发当地的市场，先在当地打起品牌。首先把原有的网站进行大幅度的改版，作招商用，其次新建一个红酒联盟网站，聚集各界的红酒企业。随后，大量地招聘地面业务员，加上网络营销员一共有20人之多，进行一线的销售。

一个新的品牌要想成长起来，必须要有一个很好的执行方案和发展的规划才能实现。因为老板都缺乏营销的意识，不能与业务员并肩作战，不能培训员工们，初期，业务员只能一边执行一边摸索，很多时候都跟不上步伐，进度稍有点慢。随后，经理提出外聘营销培训师对员工进行培训的要求，老板同意后，聘请了培训师给员工们培训业务相关的内容，比如产品介绍技巧、谈判技巧、商务礼仪这些。经过培训后，员工们对营销有了新的认识，变得更有自信了。几个月里，员工们都努力在网上推广，勤奋在地下推销，可是业绩还是不容乐观，这时员工们都没什么激情，老板也左右难堪，说坚持，却找不到内心依据，放弃的话，从头再来很不容易。老板也只能继续鼓励员工，不要丧气，提起激情来。这几个月里，公司没有一丝活气，老板员工一并都为公司发展而烦恼。

庆幸的是这支团队是一支很忠诚很有魄力的团队，能与公司同甘共苦，共同战胜困难，再加上老板有受挫而东山再起的韧性，在第四个月，他们成功开发了第一个客户，是某夜总会娱乐场。虽然单子不大，可是给予他们很大的动力，从而找回当初的信心和激情。网络部也在不断地努力。功夫不负有心人，因为对网络逐渐的熟悉，懂得怎么去做关键词推广这些，因为关键词的够精准，带来一个广东河源房地产商的客户，单子也不大，但老板已经十分欣慰，感觉到公司已在渐渐地进入发展轨道中。

他说，从事红酒业已经大半年了，经过风风雨雨，历尽辛酸，走过多少的崎岖路，公司才很不容易可以立足生长起来。当初，就连自己的员工对公司都没有多大的信心和希望，更让我坠入迷茫之中，现在，我终于可以对着朋友大声说"我有自己的真正事业了"。他很感动地说，一直以来多亏有一支与我奋不顾身奋斗的团队，一直在为公司效劳，一直在忘我地工作，公司一路有你们会快步成长起来，不断做大做强，谢谢你们。

软文简析

作为故事型软文，自然要有故事。整篇文章，都是围绕着这位老板的坎坷经历展开的，情节打动人心。而且，创业人士可以从中吸取一定的教训，少走弯路。

文章巧妙地宣传了公司的名称——"波波球红酒"。而且全文只提及一次公司名称，读者既需要又不会感到反感。不仅如此，文章还巧妙地宣传了该公司的赢利模式和团队。

故事型软文卖的绝对不是故事本身，而是人品和思想。本文就对这位老板的个性特征做了描述，给了读者很清晰的印象。

在行文上，文章用词平实，通俗易懂，有很强的可读性，因此广大受众都可以成为其读者。

借势型软文：《新国氏教您巧妙应对春节饭局》

中国人的传统节日春节又到了，家人团圆、亲朋相聚格外兴奋的同时，吃吃喝喝也比平时"升级"得多。升级表现不仅仅是饭菜的品种和质量，最主要的是频率升级。特别是工作生活在异地的朋友回老家过年，午饭、晚饭亲朋好友轮番聚。

连续几顿大餐之后，相信很多人都会为吃什么发愁，甚至为如何应对饭局而颇费心思。其实，只要准备好两样东西，可以让你高枕无忧。

首先是酸奶或者牛奶。中国的酒文化源远流长，有"无酒不成席"的说法。面对亲朋好友的频频举杯相邀，岂能失陪？饮酒前，喝一杯酸奶或者热牛奶，酸奶或者牛奶中的脂肪能够在胃中形成一层黏膜，能够在一定程度上阻止酒精渗透胃壁，从而延缓酒精进入血液的时间。这样，一来是保护胃，二来是不容易醉酒。

其次是新国氏全营养素系列产品。春节期间，暴饮暴食有些时候是身不由己。但是对于爱美的女性或者肥胖的男士可得必须注意了。春节期间，饭菜比平时好，营养本身就容易过剩，而且因为客观原因节食对于很多人来讲都做不到。一方面是盛情难却，另一方面是担心肥胖。如果身边带着新国氏系列产品中的任何一种，都可以让你无后顾之忧。

新国氏系列产品全部采用全天然配方，是公认的绿色、健康的减肥产品。目前，新国氏旗下除了拥有方便白领减肥的雅莱减肥饼干、适合肥胖患者抑制肥胖、有效减肥的国氏减肥胶囊和国氏全营养素以外，最近国敏元教授新研制和推出了纤美减肥茶，采用荷叶+普洱+山楂的纯天然配方，让钟情于国氏的消费者又多了一个选择。

其实无论是酒前喝酸奶也好，饭后用新国氏产品也罢，都是被动之举。春节期间还是要尽量控制自己，合理饮食，适量饮酒。健康生活才是最重要的！

软文简析

这是借助春节的节假日热点吸引眼球、传播自己品牌的一篇成功的软文。这篇软文借助大部分人对应付饭局的苦恼，采用了恰逢其会的宣传，看到文章标题，尽管知道是软文，很多人也愿意点击看一下。

其次，这篇软文虽然是宣传产品，然而，却也同时传播了一切有用的信息。比如，酒前喝酸奶保护胃，饭后吃减肥产品控制体重。因此，虽然是宣传自己的产品，却也并不会让人感觉太生硬。

最后，这则软文设置了关键词"新国氏""应对春节饭局"，两者融合捆绑为一体便于搜索，却又与正文十分贴切，因此是比较成功的。

噱头型软文:《教你如何吃垮必胜客》

去过必胜客的朋友,想必会对必胜客的沙拉有很深的印象吧,小小的一个碗就要收几十元!

不过必胜客的沙拉是自助的。给你一个碗,你能拿多少,就给你多少。不过必胜客太了解人们的"能力"了,所以规定沙拉碗只能装盛一次,不管你能装多少。

那碗并不大,而且很浅,简单地装,装不了多少,因而,如何保证自己的32元(价格真是一涨再涨,最早是25一份,后来涨到28,又涨到30,现在已经是32一份了)不至于被"剥削"了太多,尽可能地把那只可怜的小碗装满你喜欢的水果沙拉,也就成了一门有趣的学问。我每一次去,都会被这门精深的学问所吸引,为此,花了不少钱。

首先,要有一个好的思想认识。思想不解放,肚皮就不能解放,这是中国改革开放的一条重要经验。不要怕难为情,认为装了太多会显得太小气,没素质,有伤优雅。别这样,人家赚你的钱,都没觉得害臊,你担心什么呀?和搭积木一样,这是一种技术。

第二,放开思想之后,便是放开手脚。要想装得多,记住,一定要用手,千万不要用他们提供的勺子,夹子,那东西用起来不方便。我每次去,看到有些哥哥妹妹在那里小心地用夹子码,就替他们着急,太没经验了,这样装能装多少呢?真要堆高了吧,还不严实。

第三,在码的过程中,一定要心狠手巧,善于思考。切记,要想把水果垒的高，一定要少用色拉酱，有很多人以为色拉酱有粘合作用，把它当水泥用。我告诉你们，这是很危险的，色拉酱粘粘葡萄干玉米粒还可以，但绝不能用它来粘黄瓜，菠萝等大块水果，不但粘不住，还容易打滑。要想把黄瓜，一层一层地像宝塔一样堆上去，就必须是实打实的，当中宁可有空隙，也不好用色拉酱去填，因为存在一个摩擦力的问题啊。站在旁边监督的那些服务员，一个个精得来要死，他一看你用色拉酱，就知道外行来了。

所以，必胜客为了鼓励有更多的高手参与到"如何吃垮必胜客"的游戏中来，有一个很少有人知道的规定，水果，只能拿一次，但色拉酱不但可以单独拿，还可以多拿几次，不受限制。

下面，我就说说如何具体拿：

在碗的最底下，先装满葡萄干，玉米粒，记住，尽量要干的，不要带太多的水。和碗口抹平，然后用勺子夯实。

然后，沿着碗口，慢慢地象砌墙砌碉堡似的，一圈一圈地码上厚度均匀的黄瓜片，每码三层，休息一下，在圈圈的里面，小心地放入，诸如黄桃，菠萝，等其他块状的水果，在空隙处，撒入玉米粒葡萄干和土豆粒。然后，再在上面铺一些胡萝卜条，记住，这些胡萝卜条的作用就像钢筋一样，是为了牵制加固围在外面的黄瓜的，所以，要一头搭在黄瓜上的，这个绝对是技术活，要一边搭一边思考，等会会不会妨碍继续搭黄瓜呢？嘻嘻！

如此，再一层一层地码上去。差不多了，可以用手，轻轻地试压几下，看看稳定性如何。然后，在上面盖上几片生菜叶子，叫一手掌大的，最好是力气比较大一点男生，一手托住碗，一手抚住上面，端回餐桌。如果这样不好拿，那就干脆一人捧，一人抚着。没事的，没人敢笑话的。这叫本事。放开肚皮吃点水果算什么大事？更何况还是花钱的呢？

我最多的一次，码了12层，够3个人吃。我还见过一个人，堆起来的高度起码有40厘米，5个人吃。把必胜客的服务员都给吃傻了。

"上有政策、下有对策"，江湖传说已久的沙拉必杀绝技……看来每个到必胜客用餐的同胞，个个都是念过结构学，学过基础工程的土木/结构工程师哩。

我们去必胜客的口号是"给我一个小碗，还你一个奇迹！"

我们吃必胜客的目标是"吃垮必胜客！"

我们叠沙拉的宗旨是"没有最高，只有更高！"

软文简析

这是2005年网络论坛里流传甚广的一篇营销软文。软文的创意是利用噱头立刻抓住了必胜客的主要客户群体——白领女性和小资男生，喜欢小情调又喜欢挑战的心理，因此这篇软文采用了图文教程（因为软文中配图较多，故省略）的形式，详细地介绍了如何变得更精明，吃得更多的方法，鼓励广大网友参与其中，体验"多吃多占"的乐趣。

这篇软文之所以适合论坛传播，就是因为这种炫耀式的成功经验的帖子非常具有煽动性。一经发布，便能引发广大消费群体的共鸣，让更多网友参与实践中来，互相比较、分享。更有许多厉害的网友改写这篇软文，让它有了不同的版本，引发了这次的成功营销。

后 记

许多人以为，软文是刚刚兴起的一种风格写作，却不知道其实软文的发展已经有长达几千年的历史。事实上，只要有人交流的地方，有文字传播的地方，就可能存在软文。

比如，李白的著名诗篇中写道："长相思，在长安"，一下就把长安城的品牌推向世界，这首《长相思》存在千年，长安的神韵也传递千年。

又如，杜牧的《清明》中写道："借问酒家何处有，牧童遥指杏花村"，杏花村是山西汾酒的一个品牌，而事实上，今天的山西杏花村汾酒集团在某种程度上就是依靠这首诗形成的。

其实，许多名扬古今的文章、诗歌，仔细辨析，都是软文。你或许会觉得这很不可思议，但事实就是如此。

不过，尽管软文存在的历史很悠久，但是软文营销却一直处于"犹抱琵琶半遮面"的状态，长期以来，软文营销都没有登上过大雅之堂，诸多软文营销的经典案例因为客户要求保密也没有进入营销界人士的视野。

其实，让软文传播企业品牌、引导消费的同时传达一种正能量，软文营销是应该有他生存和发展的价值的。如果能够这样做，软文营销讲成为阳光下的营销手段，为中小企业的成长贡献出巨大的能量。

特别值得提出的是，随着互联网和信息技术的发展，软文营销未来必将面临多样化传播途径的整合。平面媒体、电视媒体、广播媒体、网络媒体，加上博客、微博、微信等具有自媒体性质的新型传播途径，都可以成为软文营销的传播方式。

　　毫无疑问，这将大大拓展软文营销的发挥空间。因此，作为一名营销从业人员，笔者对软文营销的未来充满信心，同时，笔者认为，未来的软文营销将会深入企业，遍布社会每一个角落，给企业和社会带来更多的正能量。